Joseph Schreiner

Hercules redivivus: Die Hauptgestalten der Hellenen-Sage an der Hand der Sprachvergleichung zurückgeführt auf ihre historischen Prototype

Sieben Retrometamorphosen

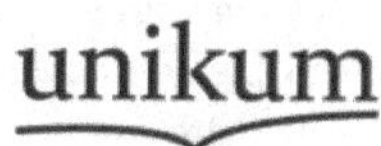

Joseph Schreiner

Hercules redivivus: Die Hauptgestalten der Hellenen-Sage an der Hand der Sprachvergleichung zurückgeführt auf ihre historischen Prototype

Sieben Retrometamorphosen

ISBN/EAN: 9783845790183

Erscheinungsjahr: 2012

Erscheinungsort: Bremen, Deutschland

www.unikum-verlag.de | office@unikum-verlag.de

Joseph Schreiner

Hercules redivivus: Die Hauptgestalten der Hellenen-Sage an der Hand der Sprachvergleichung zurückgeführt auf ihre historischen Prototype

Sieben Retrometamorphosen

Hercules redivivus.

Die

Haupt-Gestalten

der

Hellenen-Sage,

an der Hand der Sprachvergleichung zurückgeführt auf ihre historischen Prototype.

Sieben Retrometamorphosen

von

Joseph Schreiner.

MAINZ.
Verlag von Franz Kirchheim.

1899.

Inhaltsverzeichnis.

Vorwort.

In ihren mythologischen Gebilden hat die graue Vorzeit ein wundersames Erbe hinterlassen, welches der forschenden Nachwelt all die Jahrhunderte hindurch Kopfzerbrechens genug bereitet hat.

Kennzeichnet sich doch die Sphaere der Mythologie als das Reich des vollendeten Widerspruches. Hoheit und Würde spannen anstandslos ihre Zelte auf dem Anger der Erniedrigung und der Schande, und die Ideale der Schönheit verschwistern sich zwanglos mit der Missgestalt und dem Ungeheuer. Die Tugend wechselt die Pfade des Lasters, und das gute Recht liebkost die rohe Gewalt. Kein Wunder daher, dass es nicht gelingen will, die Uebergangs-Brücke zu bauen, die Brücke von der Atlantis zum Kontinente, von der Dichtung zur Wahrheit, von der Sage zur Geschichte.

Und doch steht die mythologische Frage in einem Brennpunkte wissenschaftlichen Interesses. Der findige Schulmann und Philologe steuert seine wissensdurstige Jugend mit sicherer Hand zwar vorbei an Charybdens gefährlichem Strudel, doch rettungslos eilt der entsetzte Kiel urplötzlich hinab in Skylla's breitgrinsenden mythischen Rachen. Der unermüdliche Historiker durchquert mit kundigem Blicke die endlose Wüste der Vorzeit. Es taucht der Lohn seines Schweisses in greifbarer Gestalt am fernen Horizonte empor, und beschleunigte Schritte verfolgen das lachende Ziel: doch die mythische Fata Morgana entrinnt dem geneckten Meister unter den Händen. Selbst dem gefestigten Theologen gereicht die rätselhafte Sagenkunde zum

Steine des Anstosses. Denn wenn er prüfend aus unseren Tagen rückwärts schreitet zum Anbeginne der Zeiten, findet er den Weg zu seinem Gotte verrammt vom erratischen Blocke der Mythologie.

Da indes die Sagenwelt selbst gleichsam eine Fundgrube repräsentiert, angefüllt mit Legionen von Einzelgestalten, so kann von vornherein von einem wohlgegliederten System der Mythenerforschung wohl kaum ernstlich die Rede sein, vielmehr müssen die Einzel-Vorarbeiten die Wege bahnen für den künftigen, methodischen Bau, und einen solchen schlichten Einzelversuch wollen meine anspruchslosen Zeilen darbieten.

Die anerkannte Schwierigkeit und Gefährlichkeit des Vorgehens aber mag mir einiges Anrecht verleihen auf gütige Nachsicht in Beurteilung meines ersten Spatenstiches auf dem Riesen-Trümmer-Felde der alt-hellenischen National-Galerie.

Venloo, Neujahr 1899.

I.

Theorie der Sagenkunde.

I. Kurze Vorgeschichte.

Nicht gewappnet mit umfassendem litterarischem Apparate, noch getragen vom hohen Kothurn selbstherrlicher Gelehrsamkeit, angethan vielmehr mit der profanen Sandale gesunden Hausverstandes und geleitet vom freien Ausblick eines offenen Auges betrete ich als unberufener Eindringling von rücksichtsloser Rückhaltlosigkeit eine Arena, auf welcher seit den Zeiten des Götterstürmers Euhemeros und seines gelehrten Gegners Kallimachos bis herab auf die Kuhn-Müllerschen Tage ebenso begeistert als erfolglos gerungen worden um den Vollbesitz des Mythos.

Führen wir uns fürs erste in bündigen Worten die Waffengänge der Jahrhunderte vor Augen.

Erst ward der Schild der Geschichte zum Kampfe aufgeboten, sicherlich die nächste und brauchbarste Waffe, wenn es gilt, zu erfahren und zu verstehen, was die Altvordern uns hinterlassen.

Nach vereinzelten Vorgängen der Logographen Hekataeus aus Milet (520) und Herodorus aus Herakleia a. P. (500), sowie des Historikers Ephoros aus Kyme i. A. (370) trat in Hellas zuerst der „gottlose“ Sophist Euhemeros aus Messana (320) systematisch mit der Erklärung an die Oeffentlichkeit, dass all die Götter und Heroen nur Menschen gewesen, hervorragend durch Kraft und Einsicht, sterbliche Menschen, von deren Grabstätten aus der Ahnen-Kult sich Bahn gebrochen habe, um sich zu erweitern und zu steigern zum Götter-Kult.

Seine Theorie, welche schon den Beifall der Kirchenväter gefunden, um gegen das Heidentum verwendet zu werden, konnte bei ihrer Natürlichkeit und Schlichtheit niemals völlig von der Bildfläche verschwinden, wie sie denn später unter anderen vorzugsweise vom Florentiner Petrarca (1374) bestätigt worden ist. „Apollinem cithara, Aesculapium medicina, Saturnum Liberumque et Cererem agricultura, Vulcanum fabrica deos fecit. (de vita solit. I.)

Das achtzehnte Jahrhundert brachte vollends eine umfassende Erneuerung des Euhemerismus, nachdem auf protestantischer Seite Gerh. Joh. Voss, auf katholischer Daniel Huet bereits die Wege dazu angebahnt hatten, in den griechischen Heldengestalten biblische Personen wiederzuerkennen. Ein nicht geringes Aufsehen erregte das fünfbändige Werk von Abbé Guerin du Rocher: „Histoire véritable des temps fabuleux (1779), in welchem die Universal-Vorgeschichte des Altertums hergeleitet wird vom schlichten Volke Israël.

Vor dem Forum des gesunden Haus-Verstandes (cf. J. H. Voss, Antisymbolik 1826) kann nur die Geschichte als die wirkliche Mutter der Sage anerkannt werden, so dass augenscheinlich der „verrufene“ Euhemeros von vornherein auf dem Boden der Wahrheit gestanden.

Das Ausbleiben eines durchschlagenden Erfolges darf daher nicht seiner Theorie zur Last gelegt, sondern muss lediglich aus den vielseitigen Schwierigkeiten hergeleitet werden, welche dem Erweise seiner Behauptung hemmend in den Weg getreten.

Erstens nämlich ist die Zahl der mythologischen Gestalten geradezu — Legion, und zweitens bietet die lokale Zersplitterung der hellenischen Mythen keine Handhabe dar, einem nationalen System irgendwie auf die Spur zu kommen. Drittens hat Hellas selbst keine Vorgeschichte aufzuweisen, aus deren Rahmen die Sagengestalten entlehnt werden konnten, so dass die Anhänger der historischen Mythenerklärung gleichsam auf steuerlosem Schiffe den unabsehbaren Ocean der Weltgeschichte blindlings zu durchkreuzen hatten. Viertens endlich war an eine methodische Sprachvergleichung ehedem nicht zu denken. Ohne diese berufene Pfadfinderin aber wandert der Mythenforscher in der Irre, und seine Ermittelungen tragen mehr oder weniger den Charakter der Zufälligkeit und der Unwahrscheinlichkeit an der Stirne.

Gehen wir beispielshalber von der vielumstrittenen Sagen-Gestalt des gewaltigen Herakles aus.

Die Abzeichen der Keule und Löwenhaut, die beiden Säulen und die personificierte Leibes-Stärke führten gleichsam von selbst auf die Geschichte Simsons hin. Es war jedoch diese Persönlichkeit für die Entwicklung der israelitischen Heldengeschichte keineswegs von jener eminenten Bedeutung, welche die mythische Allgewalt des Namens Herakles genügend zu rechtfertigen vermochte, so dass unter anderen V. G. Herklitz nachzuweisen suchte, Herculem eundem esse ac Josuam (Leipzig, 1706). Wir werden jedoch an Ort und Stelle sehen, dass gerade die Sprachvergleichung eine andere ebenso überraschende als einleuchtende Lösung der Frage an die Hand gibt.

Es muss nämlich die Ermittelung von übereinstimmenden notorischen Charakterzügen Hand in Hand gehen mit dem linguistischen Nachweis der Namens-Identität, um begründeten Zweifel und Widerspruch mit Erfolg zu bannen und auszuschliessen.

An zweiter Stelle ward das Banner der Etymologie hochgehalten. Nachdem ja die historisch-pragmatischen Versuche resultatlos geblieben, hielt man sich an das, was man hatte, an den überlieferten Namen, und so wurde die einheimische Sprache aufgeboten, um die Petrefakten ausländischer Ruhmes-Geschichte — denn nichts anderes repräsentieren die Mythen (siehe unten, I. 2.) — zu enträtseln und zu entziffern. (Rein etymologische Methode, cf. Diodor.) Den Erfolg können wir uns denken: anstatt die arme Mythologie zu erlösen, ist ihr Reich mit den sinnlosesten und unheimlichsten Gestalten neu bevölkert worden. Den schlagendsten Beweis hierfür liefern wohl die Myrmidonen als Ameisen-Menschen (Apollod. 3, 12, 6; Ov. met. 7, 520.) Der eingefleischte Etymologe sägt vom Baume des Lebens redlich jeden Ast herab, aus den gebrochenen Zweigen aber sieht er — dem ratlosen Zauberlehrling vergleichbar — nur neue Sphinx-Gestalten wachsen.

Wählen wir als naheliegendes Beispiel die hellenischen Kyklopen.

Κύκλωψ führe ich sachlich und sprachlich zurück auf Hykshos (Identität des Schallwertes, siehe unten, I. 2.), also die riesigen Hirten der Sage auf die βασιλεῖς ποιμένες der Geschichte, eine Ableitung, welche an und für sich schon hinreicht, die homerischen Kyklopen zu verstehen: Unabhängigkeit, Gewalt-That, Hirtenvolk, Schafe, Ziegen.

Doch wie gelangten schlichte Hirten zu ihrer Riesengestalt und zu ihren Riesenbauten? (Kyklopische Mauern, Tiryns, Argos, Mykene.) Erstens rechnet die arabische Ueberlieferung die Riesengeschlechter Süd-Palästina's, die Rephaim und die Ghanakim, zum Stamme der Amalekiter, von welchen gerade unsere Hykshos sich abgezweigt hatten. Zweitens schrieben die Aegypter zur Zeit Herodots (2, 128) sei es aus Hass gegen die alten Pharaonen, an deren Pyramiden sich frühzeitig der Fluch des ganzen Volkes geknüpft, sei es in Erinnerung an die jüngere Zwingherrschaft der ausländischen Hykshos, die Aufrichtung jener Riesen-Grabmäler einem Hirten Philitis zu, also offenbar dem Geschlechte der Hirtenkönige und zwar der zweiten Hykshos-Dynastie, der Gewalt-Herrschaft der Philistäer.

Setzen wir folgerichtig die mythischen Kyklopen den historischen Pyramiden-Erbauern gegenüber, so lassen sich weitere Anhaltspunkte leicht gewinnen. Dort drei Haupt-Kyklopen (Hes. Theog. 140), hier drei Haupt-Pyramiden, dort die Vereinzelung im Leben (Riesenhöhlen, Homer), hier im Tode (Riesen-Grabmäler), dort Gewalt-That und Frevel, hier das Sklavenblut von Hundert-Tausenden, dort die unverwüstlichen Mauern, hier die ewigen Kammern, hier wie dort die Kunst, die Kraft, die Riesenhaftigkeit.

Gegenüber dieser ausgiebigen historischen Vermittelung sieht der Etymologe sich auf sein erbärmliches Rund-Auge beschränkt und schafft sich eine Ungestalt, welche mit dem wirklichen Leben nichts mehr zu thun hat.

In ähnlicher Weise verdanken die streitbaren Ἀμαζονίδες am Pontus (Argonauten-Sage) und die Κένταυροι oder das kretische Ungeheuer Μινώταυρος (Tritogeneia) ihre ganze Kunde und Geschichte lediglich verunglückten etymologischen Zwangs-Ableitungen.

Andere Namen, wie Ἰήσων, Μήδεια, Θησεύς, Ὀδυσσεύς, Ἀχιλλεύς spotten geradezu jeder vernünftigen Etymologie, während die Sprachvergleichung ausreichende Anhaltspunkte an die Hand zu geben vermag. (Argonauten-Sage.)

Demnach hat meines Erachtens all der Fleiss und Scharfsinn, welchen die Philologie von je her in den Dienst der hellenisch-mythologischen Etymologie gestellt hat, einer von vornherein verlorenen Sache gegolten.

Extrema se tangunt. Nachdem der Scharfsinn der Etymologen bewiesen, dass er zu den geistlosesten Resultaten zu gelangen vermochte, konnte die Reaktion nicht ausbleiben, und die Philosophie trat in die Schranken, wie schon im Altertum, um das absterbende Heidentum vom Untergange zu erretten, so in der Neuzeit, um in die kindischen Phantasien (Renan) und in das bunte Sagengewimmel (Döllinger), welches uns das ideale Hellas hinterlassen, Geist und Leben zu bringen. Daher die allegorisch-philosophische Methode der Mythos-Forschung, welche hinter dem Gewande der Sage allgemeine psychologische und ethische Wahrheiten zu finden glaubte.

Und merkwürdigerweise behaupten in den verschiedensten Gestalten und Absichten die Allegorie und die Personifikation, die erklärten Feindinnen des gesunden Haus-Verstandes, im Widerstreite der Mythen-Erklärer bis zur Stunde mit Hartnäckigkeit das Feld. Der Lebens-Odem der geistesdurstigen Allegorie soll all die toten Recken und Sagengestalten neu beseelen. Indes das Gefühl der Sicherheit und der vollen Befriedigung vermag die ewige Metapher niemals zu bieten, und es kann nicht ausbleiben, dass wir dereinst zu dem Geständnisse gelangen werden, dass Allegoriens Hauch nur eitel Dunst und Nebel gewesen. Muss es doch als verfehlt erklärt werden, den Altvordern des Menschengeschlechtes die Allegorie als die Grundform ihrer Denkungsart und Ausdrucksweise aufoktroieren zu wollen. Der Landmann — und das war der Urmensch — mag von je her ein offenes Auge und eine rückhaltlose Bewunderung für die Natur sich erhalten, ganz besonders aber seinen Wetter-Kalender sich frühzeitig gebildet haben; denjenigen aber, welcher im Schweisse seines Angesichtes sein tägliches Brod gewinnen musste, gleichsam zum berufenen Dichter stempeln zu wollen, mag sicherlich ein verfehltes Unternehmen genannt werden.

Suchen wir beispielshalber jenen Weingärtner, welcher aus der Vergleichung der süssen Traube am mütterlichen Weinstocke mit dem in der Tonne erstarkenden Stoffe sich eine zweite Mutter und eine zweite Geburt zu konstruieren vermag. (Διόνυσος διμήτωρ.) Oder fragen wir nach jenem Landmanne, welcher aus der Thatsache, dass der Boden gleichsam versteinert, wenn er des Regens und der fortschreitenden Pflege ermangelt, sich eine Danae, einen Perseus und ein Medusenhaupt zusammendichtet?

Daher scheue ich mich keineswegs, die Allegorie, die erkorene Spenderin von Geist und Leben, einer tot geborenen Tochter zu vergleichen.

In letzter Reihe trat die pseudo-theologische Amazone auf den Plan. Es sollte nämlich die systemlose allegorische Anschauung vom wissenschaftlichen Standpunkte aus dadurch gekräftigt werden, dass man die Mythen von Hause aus in das Gebiet der Theologie verwiesen. (Heyne-Creuzer.)

Die reine Gottes-Erkenntnis soll den Altvordern des Menschengeschlechtes nicht abgesprochen, sondern für ein gemeinsames asiatisches Urvolk in Anspruch genommen werden. Diese Urweisheit aber gelangte als symbolisch-hieratische Poesie durch eigennützige Priester in absichtlicher Fälschung auf allegorische Weise und in allgemeiner Bildersprache unter die rohen und ungebildeten Völker, unter anderen an die tierischen, in Höhlen hausenden alten Pelasger, gleichsam als gebrochene, verblasste

Strahlen, ausgegangen vom fernen Sonnenglanze. Die echte, abstrakte Gotteslehre aber, welche der grossen Menge überhaupt vorenthalten blieb, beschränkte sich auf engere, auserwählte Kreise, um sich weiter zu vererben in den sog. religiösen Mysterien.

Aufrichtig gesprochen, war durch diese neue Methode weiter nichts gewonnen, als dass den allegorischen Mythen das unverdiente Brandmal des absichtlichen Betruges auf die Stirne gedrückt worden.

Um die Sagenwelt von dem Verdachte der Mystification und des tendenziösen Betruges hinwiederum zu entlasten, wurde nunmehr die ursprüngliche Reinheit des autochthonen Mythos auf den Schild erhoben (O. Müller) und ein mythenproduzierendes Zeitalter geschaffen, welches die ersten naturnotwendigen Regungen und Aeusserungen des Menschengeistes darbietet, und hiermit beginnen die mythologischen Systeme des nackten Naturglaubens und die Theorien der eigentlichen Religionsphilosophen oder besser gesagt der Pseudo-Theologen.

Ihr entwickeltes Programm lautet ungefähr folgendermassen: Als dankbarer Sohn hält der Urmensch Zwiegespräche mit seiner Mutter Natur, deren Sprache ihm wohlbekannt gewesen: das Murmeln der Quellen, das Machtwort der Wogen, das Flüstern des Waldes, der Aufschrei des Sturmes, das Spiel der neckenden Wolken, das Hohngelächter des Donners, die Lebensfrische des Morgens, des Abends friedliche Ruhe, sie alle fordern zur Gegenrede, zur Freundschaft und zum Glauben auf, und hiemit war der Grund gelegt zu dem berühmten „Mythos-Sprechen“ der modernsten Wissenschaft, eine Redewendung, welche meines Erachtens nicht um Haaresbreite besser ist als beispielshalber Petrefakten-Erbauen, Ruinen-Errichten oder Trümmer-Konstruieren.

Und ehe der angehende Ur-Theologe sich dessen versah, war er zum überzeugungstreuen Pantheisten geworden. Die würdigen Nachkommen fassten das allgemeine religiöse Bewusstsein der Voreltern in konkretere Formen und stiegen stufenweise zum Polytheismus empor, welcher sich schliesslich auf den Monotheismus konzentrieren musste. Also Mythologismus, Pantheismus, Polytheismus, Monotheismus. The mind rises gradually from inferior to superior. (David Hume.)

So ist denn der Polytheismus das historische Prius des Monotheismus, der theologische Pluralis das Prius des Singularis. Zu solchen Resultaten vermag sich die Wissenschaft emporzuschwingen — ohne ihren Schöpfer.

Hier endlich sehen wir, weshalb die alten und modernen Heiden die Mythen nicht anerkennen wollen als die Reflexe der Geschichte, die Götter und Heroen nicht als die Schattenbilder leibhaftiger Gestalten; bricht doch alsdann der ganze Götter-Himmel gleich einem Kartenhaus in sein volles Nichts zusammen, und der Monotheismus des Volkes Israel behauptet einzig noch das Feld. Anderseits vermögen wir — und das ist der ausgesprochene Zweck meiner Zeilen — von unserem Standpunkte aus keine dankbarere und idealere Aufgabe zu verfolgen, als ein Scherflein dazu beizutragen, das Monumental-Facsimile, welches die Vorsehung in den Gestalten der hellenischen Götter und Heroen als den stummen Zeugen für die Heldengeschichte des auserwählten Volkes zur Beschämung des Unglaubens künftiger Jahrtausende hinterlassen hat, ans volle Tageslicht zu bringen.

Ihre neueste Phase verdankt die pseudo-theologische Methode der Mythen-Erklärung den religionsphilosophischen und sprachvergleichenden Arbeiten von Ad. Kuhn und Max Müller.

Durch gegenseitige Vergleichung der indogermanischen Völkermythen, sowie durch den Nachweis etymologischer Gemein-Begriffe, wurde jenes „allgemeingiltige“ System der Mythenbildung gewonnen, welches sich Solartheorie nennt, ein künstliches System, vor welchem beispielshalber der vielseitig erprobte James Fergusson verwundert das Haupt schüttelt mit den vernichtenden Worten: „The ancient solar myth of Max Müller is very like mere modern moonshine“. (Rude stone monument, p. 32.)

Müller leitet nämlich nach seiner Auffassung der Religion als der „Wahrnehmung des Unendlichen" die Gottheiten der Arier her aus der Verehrung ungreifbarer Sinnesgegenstände (des Himmels), wie die Halbgottheiten aus dem Kult der halbgreifbaren Objekte (der Erde). So musste denn der Sonnenhimmels-Gott Dyaus im Anbeginn der Zeiten den indogermanischen Götterthron und im besonderen den Königsthron im vedischen Pantheon bestiegen haben, weil gerade die Sonne das Alpha und das Omega des indogermanischen Mythos-Sprechens gebildet hat.

Die Anwendung der Müller'schen Sonnen-Theorie auf die Ueberlieferungen der Hebräer finden wir fast gleichzeitig bei M. Schultze, Mythologie der Hebräer, und bei J. Goldziher, der Mythus bei den Hebräern, beide 1876.

Statt jeder Kritik der Theorie selbst geben wir aus letzterem Werke einige Stich-Proben, nach dem Grundsatze: „An ihren Früchten werdet ihr sie erkennen".

„Der nächtliche Himmel als das Orakel des Nomaden und der volle Tagesglanz der Sonne als der Urgottheit des Ackerers stehen sich Tag für Tag wie erklärte und natürliche Feinde gegenüber." Nach diesem monotonen Leitmotiv nunmehr, welchem etliche untergeordnete Varianten zur Seite stehen, müssen all die herrlichen Ueberlieferungen und Sagen zugeschnitten werden. Man abstrahiert jeweils die Zuthaten der Jahrhunderte und kehrt mit Sicherheit zur reinen Psyche des ursprünglichen Mythus zurück.

So steht der Bruderzwist von Kain, dem Ackerer, und Abel, dem Nomaden, bedeutsam genug gleichsam an der Spitze der hebräischen Ueberlieferung: die finstre Nacht unterliegt dem aufgehenden Tagesgestirn, eine Erklärung, welcher die Etymologie zur Seite steht, da Kain sich deuten lässt als Schmied (des Ackergerätes, trotz der biblischen Uebersetzung: Gen. 4, 1: possedi hominem per Deum) und Abel als Windhauch, welcher die finstre Nacht charakterisiert.

Wenn Abraham seinen Sohn Isaak schlachten soll, so obsiegt im Gegenteile der hohe, (ab-ram, der hohe Vater) nächtliche Himmel über den lachend (Jizchak, der Lacher) niedergehenden Sonnenball.

Wenn Noach, der Ackerer (Gen. 9, 20), trunken im Zelte liegt, aufgedeckt vor seinem Sohne Cham (aeg. schwarz), so erinnert die biblische Sage hierdurch einfach an den Niedergang der Sonne, welche, ermüdet vom weiten Laufe, erschöpft der Ruhe (Noaḩ, Ruhe) entgegenschwankt; doch eingehüllt in das Dunkel der Nacht erholt sie sich wieder, um mit dem neuen Tage sich aufzudecken in voller Pracht.

Nach der biblischen Sage (Gen. 25, 25) hält bei der Geburt der Zwillingsbrüder der spätere Nomade Jakob den roten Sonnenmann Esau (die Haare bedeuten die Strahlen der Sonne) an der Ferse fest; hierdurch soll nur veranschaulicht werden, wie die finstre Nacht den roten Tag direkt vom Platze verdrängt. Man abstrahiert, die Psyche bleibt zurück. Ein bequemeres Grab für alle und jede Ueberlieferung und Geschichte lässt sich nicht denken. Nennen wir Ἀλέξανδρος als „Wanderer" den Sonnenmann und vergleichen wir seinen Fieberfrost zu Babylon dem Schüttel-Sturme der Nacht, so gelangen wir zu dem gleichen Resultate. Oder Barbarossa, der rote Sonnenmann, und Kyffhäuser's finstre Nacht! Man abstrahiert, die Psyche bleibt zurück. Sapienti sat!

Stellen wir einen, wenngleich gewagten historisch-pragmatischen Vermittlungs-Versuch solchen Proben direkt gegenüber, nur um zu zeigen, welche von beiden Arten, einen Mythus zu entziffern, reeller und sachlicher genannt werden muss, welche von beiden Methoden sammelt, und welche zerstreut, welche von beiden Methoden aufbaut, und welche zerstört.

Nach Homer wohnten die Kyklopen, Giganten und Phaeaken ehedem in Ὑπέρεια. Vom hellenischen Standpunkte aus mochte es nahe gelegen haben, die gegenüberliegende afrikanische Küste und insbesondere das altberühmte Land der Pharaonen in Anbetracht der weiten Entfernung (jenseits der hohen See) nicht mit Περαία, sondern durch Ὑπέρεια zu bezeichnen. Fassen wir dortselbst das Nildelta in's Auge, so sehen wir zu Füssen des Sonnen-Hauses (Bejth-Shemesh, Jer. 43, 13, aeg. Pe-ra, gr. Heliupolis) und zu Füssen der drei strahlenden Pyramiden (Gizeh) ein Inselreich in Gestalt des Θρῖναξ (Dreizack), ehedem unbewohnt und durchfurcht von sieben Wasser-Armen; östlich zur Seite aber liegen die bekannten Triften der Hykshos und der späteren Israeliten (Goshen).

Eine bessere Grundlage für die Θρινακίη Homers vermag die Erdkarte nicht aufzuweisen. Die Insel des Sonnengottes Ὑπερίων, von Sterblichen nicht betreten, auf sieben (statt sechs) Einzelinseln ebensoviele Einzelherden von Rindern und Schafen, überwacht von den Heliaden, den drei strahlenden Schwestern, Φαέθουσα, Λαμπετίη, Αἴγλη, dazu in der Nähe der rohe Κύκλωψ (Hykshos, siehe oben).

Wenn Homer nur von zwei „strahlenden" Hüterinnen spricht, so verweise ich auf den Bericht Diodors (1, 64), nach welchem die Pyramide des Mykerinos 15 Schichten hoch nicht aus hell-leuchtendem, sondern aus schwarzem Stein erbaut war.

Nehmen wir weiter an, die grenznachbarlichen Kasluchim (Pelusium, mons cassius) sind vor den gewaltthätigen Hykshos zugleich mit den Kaphthorim und Pelishthim (Gen. 10, 14) nach Kilikien (Chilaku nach assyr. Inschriften) und Kappadokien (Kaphthor, Deut. 2, 23), also nach dem nördlichen Syrien (Bezeichnung nach assyr. Inschriften) weggezogen, die Kaphthorim und Pelishthim aber alsbald an die Südküste Palästina's weiter gerückt (Deut. 2, 23), so würden wir die von den rohen Kyklopen verdrängten mythischen Phaeaken auf Σχερίη (mythische Geographie, unbewusst neben der wirklichen Namensform Συρίη bei Homer) als die historischen Chilaku in Συρίη (Identität des Schallwertes, siehe unten), die weggezogenen Giganten aber als die späteren riesenhaften Philister in Südpalästina wiederfinden (siehe unten, David). Einen besonderen Anhaltspunkt für die Vermittelung Kasluchim-Chilaku-Phaeaken bildet die rühmliche Fertigkeit in der Webe-

Kunst (Kassiotische Gewänder Aegyptens), während die Nähe des kilikischen Eilandes Kypros den Reichtum der Phaeaken an Metallarbeiten (Kupfer) und Schiffsbauholz (Cypresse) bestätigen würde.

Vollendet allerdings hätten wir den Begriff der „seligen" Phaeaken erst durch die neue Verquickung ihrer Sage mit dem späteren Mythus vom Salomonischen Inselreiche der Seligen, eine Annahme, welche wiederum auf Kypros hinführt, woselbst die Stadt Σαλαμί(ν)ς den Namen des israelitischen Königs trägt, während der Aphrodite-Tempel zu Paphos der Ueberlieferung gemäss eine Nachbildung des Salomonischen Tempels gewesen ist.

II. Entstehung und Entzifferung der Sage.

Wäre die Ueberlieferung nur bedingt durch die Macht der Wahrheit, so hätten wir selbst aus grauer Vorzeit trotz mangelnder Fixierung des Wortes nicht sagenhafte Berichte, sondern die wirkliche Geschichte überkommen.

Indes der Quell der Mitteilung ward in erster Linie getrübt durch die subjektive Auffassung und Vorstellung des Empfängers. Hass und Liebe, Furcht und Staunen, die unausbleiblichen Affekte des Herzens, erweisen sich nur zu leicht als parteiische Vermittler. Nehmen wir vom Standpunkte des gesunden Hausverstandes aus zur Veranschaulichung ein drastisches Beispiel aus dem täglichen Leben. Hans und Liesel, ein prächtiges Kaninchen-Paar, bilden den ganzen Viehstand, den Stolz und die Freude des armen, stillen Bahnwärters. Seit Wochen hat er die neuerworbenen Lieblinge daran gewöhnt, ihn sofort zu begrüssen, wenn er zum Frühzuge aus der Hütte trat. Heute zum erstenmal unterbleibt die Aufwartung. Ein Blick in die Hürde, die Habe ist dahin und der Affekt der Entrüstung angebahnt.

Der erste Kollege im heraneilenden Zuge erfährt im Fluge den frechen Diebstahl; auf der nächsten Station werden die armen Opfer hingeschlachtet, und ehe das Dampfross zur Provinzial-Stadt gekommen, läuft die Kunde durch den Gau, dass der arme, stille Bahnwärter in seinem Blute liegt, während — ein Schelmenpaar von Kaninchen vergnüglich sich labte am leckeren Kohle des Angrenzers. Sic crescit fama eundo!

Eine weitere Trübung widerfuhr dem Quell der Mitteilung durch die zeitliche und räumliche Entfernung vom Schauplatze der Thatsache. Die Gegenwart verdrängt die Vergangenheit, und selbst tiefere Eindrücke aus älteren Tagen werden stufenweise abgeschwächt durch die oberflächlichsten Erinnerungen aus jüngerer Zeit. Immerhin aber mochte bei hervorragenden Erscheinungen und Ereignissen aus dem eigenen Heimatlande der Zahn der Zeit an der begeisterten Vaterlandsliebe mit ihrer zähen Erinnerung eine wackere Gegnerin allzeit gefunden haben.

Schlimmer indes musste die räumliche Entfernung wirken. Leicht genug nämlich können wir es uns erklären, dass phaenomenale Persönlichkeiten den Glanz ihres Namens über die eigenen Landesmarken hinausgetragen und selbst Völker in den Kreis ihres Ruhmes gebannt haben, mit welchen sie keinen direkten Verkehr unterhielten. Und gerade dort im Auslande musste selbst das üppigste Reis, weil abgeschnitten vom eigenen Stamme, frühzeitig verdorren und konnte höchstens ein entstelltes Gerippe und den fremdländischen Namen hinterlassen, welcher schliesslich der eigenen Sprache anbequemt und im günstigsten Falle von der einheimischen Etymologie terrorisiert wurde. (Argonautensage.)

Das vom direkten Verkehr abgeschnittene Ausland muss demnach als der fruchtbarste Boden des Mythos gelten, besonders aber das Ausland zur Zeit mangelnder Fixierung des Wortes, das Ausland in grauer Vorzeit.

Wenn im direkten Gegensatze die moderne Mythos-Wissenschaft, welche sich nun einmal darin gefällt, die erstorbenen

Planeten aus der Urzeit der Völkergeschichte umzustempeln zu den ersten naturnotwendigen Produkten des Menschengeistes und zur reinen Volks-Poesie des Naturgefühles, folgerichtig alle und jede Entlehnungs-Hypothese als abgethan betrachtet, so hat sie augenscheinlich den wahren Eckstein des mythologischen Labyrinthes verworfen.

Wenn wir demnach behaupten, dass die ganze Heldengeschichte des Volkes Israel zwar nach Hellas gedrungen war, bei mangelndem Schriftverkehre aber nur die stummen Petrefakten all jener Gestalten hinterliess, welche als erstorbenes Erbe des Auslandes mit vaterländischem Nimbus umgeben und zu einheimischen Göttern und Heroen umgebildet wurden, so haben wir zugleich die seltsame Thatsache aufgeklärt, dass die Quellen der hellenischen Litteratur zwar von allen Nationen der Erde zu berichten wissen, das näher stehende Volk Israel aber samt seiner ganzen Ruhmesgeschichte geradezu totschweigen.

Unter solchen Verhältnissen können wir kaum im unklaren sein, welches der einzige Weg sein wird, der zur erfolgreichen Enträtselung der hellenischen Mythen führen mag.

Während nämlich der Sprachvergleichung die untergeordnete, wenngleich schwierigere Aufgabe anheimfällt, die Identität der Namens-Bezeichnungen nachzuweisen, muss die Geschichte ihren ganzen Rahmen zur Verfügung stellen, um für die verknöcherten Ueberlieferungen das leibhaftige Urbild ausfindig zu machen. Hierbei kann die Sprachvergleichung nur die Dienerin der Geschichte bleiben, weil die Sache allzeit über den Namen zu stellen ist, zumal dessen Entzifferung nicht selten einfach versagt.

Bei der Namensvergleichung richte ich das Haupt-Augenmerk auf die Vokal-Folge (Klangform) und den ganzen „Schallwert“ des Wortes, ohne jedoch dieses Prinzip auf die Sprachvergleichung überhaupt ausdehnen zu wollen. Denn gerade mit den Ruf-Namen musste meines Erachtens die Sprache möglichst konservativ verfahren, indem deren Bedeutung an das historische Individuum geknüpft war, wodurch die Sprache als solche das volle Verfügungsrecht einigermassen verloren.

Und wirklich lassen sich auf solche Weise ganz überraschende Vermittelungen gewinnen: Aronêdah-Ἀργονηῦτα (Argonauten), Jisrachlî-Ἡρακλῆς (Hercules), Nechûshah-Medusa (Prometheus), Hykshos-Κύκλωψ (oben), Pelishthî-Εὐρυσθεύς (Hercules), Shîloh-Δῆλος (Apollon), Bathshebagh-Pasiphaë (Tritogeneia).

Als besonders merkwürdige Vermittelung aber führe ich an Méphibosheth-Ἥφαιστος, wobei die griechische Namensform den gedrängteren Schallwert der hebräischen Klangform repräsentiert. Das Interesse der Vergleichung mag eine kurze Abschweifung entschuldigen.

Während bei der unerwarteten Kunde von der historischen Katastrophe, welche den König Saul im Waldgebirge Gílboagh betroffen, die bestürzte Amme mit dem fünfjährigen Enkel also hastig sich aus dem königlichen Hause flüchtete, dass der kleine Mephibosheth zu Falle gekommen (2 Kön. 4, 4) und infolgedessen an beiden Füssen lahm geworden (2 Kön. 9, 13), sucht nach der ursprünglichen griechischen Ueberlieferung Mutter Hera den mythischen Ἥφαιστος als unansehnliches Kind zu bergen, bei welchem Anlasse der Kleine aus Versehen vom Olymp herabgefallen und an beiden Füssen gelähmt worden ist. Erst nach späterer Sage schleudert Hera den vorher hinkenden Sohn ohne weiteres aus dem Götter-Palast hinab auf die Erde.

Später lässt Vater David, dem geleisteten Eide getreu, (1 Kön. 24, 23) dem Enkel des gestürzten Königs und dem Sohne des einziggeliebten Jehonathan volle Gnade widerfahren, so dass er ass am Tische des Königs für und für (2 Kön. 9, 13). In ganz entsprechender Weise gestattet der mythische Vater Zeus schlechthin die Rückkehr des Verstossenen nach dem Olympos.

Weiter erklärt die hebräische Etymologie den Namen Mephibosheth als den das Schandbild (des Baghal) anblasenden (beschimpfenden), eine Auslegung, welche durch seinen zweiten Namen Merîb-Baghal, Befehder des Baghal, vollauf bestätigt wird. Hier bietet sich uns nunmehr eine Gelegenheit ersten Ranges dar, uns eine Vorstellung zu machen, auf welche Weise die Sage mitunter gleich einer Fieberkranken die überlieferten Begriffe durcheinanderwirft.

Dem etymologischen Begriff „Anblasen" nämlich stelle ich die zwanzig Blasebälge des Ἥφαιστος im Olymp gegenüber (Il. 18, 470) und dem einfachen Grundbegriff „Bild" all die mythischen Kunstwerke, welche der olympische Feuerwerker, der erhabene Künstler (Hes. Theog. 929), der herrliche Hinker (571), für all die ewigen Götter (eherne Paläste), für Achilleus und Diomedes, für Pelops und Alkinoos in idealster Weise gefertigt hat.

Merkwürdigerweise hat der römische Vulcanus mit dem griechischen Ἥφαιστος nur das Handwerk gemeinsam. Vulcanus nämlich ist augenscheinlich zurückzuführen auf einen biederen, vorsintflutlichen Altvater, auf jenen Sohn des Lamech, „qui fuit malleator et faber in cuncta opera aeris et ferri" (Gen. 4, 22), auf jenen Thûbalkajn (Syncope und Contraction) der Urzeit, welchem die dankbaren Schmiede der neuen Welt gerade in unseren Tagen ein würdiges Denkmal gesetzt haben.

Doch kekren wir zurück zur Entzifferung der Sage, bei welcher, wie gesagt, der geschichtlichen Ermittelung die Haupt-Aufgabe anheimfällt.

Um eine Sagengestalt auf ihr historisches Prototyp zurückzuführen, muss für jeden mythischen Charakterzug, ganz besonders aber für jedes notorische Attribut der anerkannte Doppelgänger aus der Geschichte nachgewiesen werden.

Wenn beispielshalber die Sage von der rühmlich bekannten Freundschaft des Theseus und Peirithoos berichtet, so muss aus den Annalen der geschichtlichen Ueberlieferung eine historisch-notorische Freundschaft aufgespürt werden, wie solche in der That bestanden hat zwischen Josua und Kaleb. Beide blieben vereinigt in treuer Liebe während des ganzen Zuges durch die Wüste, sowie bei der Auskundschaftung und Eroberung des gelobten Landes. Ihre Freundschaft aber trägt schon aus dem Grunde den Charakter der Notorietät an sich, weil Josua und Kaleb allein vom alten Geschlechte nicht dahingestorben in der Wüste, sondern allein gleichsam die Alt-Väter geblieben, verehrt und angestaunt von den Epigonen.

Verfolgen wir nachdruckshalber weitere Beispiele. Apollon mit wallendem Haupthaar (ἀκερσεκόμης, intonsus) gilt als das mythische Ideal körperlicher Mannes-Schönheit (Φοῖβος). Hierfür ist aus dem Bereich der Geschichte nicht nur jene historisch-notorische Haarfülle, sondern auch dieselbe historisch-notorische Mannes-Schönheit aufzubringen, welche wir in der That beide vereinigt finden in der Persönlichkeit Abshâloms, des dritt-geborenen Sohnes Davids. Denn erstens lesen wir 2 Kön. 14, 25: A vestigio pedis usque ad verticem non erat in eo ulla macula", während anderseits die ausserordentliche Fülle des Haares gerade dadurch wirklich notorisch geworden ist, dass Abshâlom nach der Niederlage seines Heeres im Walde Ephraim auf der Flucht im Gezweige der Eiche festgebannt worden — am wallenden Haupthaar.

Zeus tritt bei Homer in erster Linie als Patron der Landesflüchtigen auf, da er selbst ehedem während der hartnäckigen Titanenkämpfe vor Kronos sich geflüchtet hatte nach Aegypten. Hierfür ist aus dem Bereiche der Geschichte jener Thronprätendent nachzuweisen, welcher als historisch-notorischer Flüchtling sich retten musste vor den Verfolgungen seines grausamen Vorgängers. Und es ist kein Geringerer als David, der Gesalbte des Herrn, welcher vor den Nachstellungen Saul's, seines Königs, sich flüchten musste von Ort zu Ort und von Versteck zu Versteck, um schliesslich beim Landesfeinde Schutz zu suchen. Und wirklich notorisch im eminentesten Sinne des Wortes war der königliche Flüchtling geworden, dessen ergreifende Bittgebete um Hilfe aus dringendster Not noch heute zum Himmel schallen. „Ego autem sum vermis et non homo, opprobrium hominum et abiectio plebis.“ Ps. 21, 7.

Merkwürdigerweise finden wir übereinstimmend bei den Indern, Griechen und Römern den ständigen Zusatz „Vater“ zum Namen des höchsten Gottes: Dyaus-pitar, Ζεὺς πατήρ, Diespiter (Jupiter). Hierfür muss nicht nur vom Standpunkte der Sprachvergleichung aus die Identität des Gottes-Namens, (David-Dyaus, siehe unten, Zeus), sondern — was weit wichtiger ist — von seiten der Geschichte der Zusatz „Vater“ als historisch-notorischer ermittelt werden. Letztere Aufgabe scheint um so schwieriger zu sein, als die auf göttlichem Wohlwollen und menschlicher Hingebung beruhende Bezeichnung dem ganzen Charakter jeder vorchristlichen Religions-Anschauung völlig fern zu stehen scheint. Primus in orbe deos fecit timor, ardua coelo fulmina cum caderent. (Petron. fragm. 27.) Wenn wir aber berücksichtigen, dass an sämtlichen Stellen des biblischen Berichtes, in welchem zu Lebzeiten Salomons von David die Rede ist, ausnahmslos der Zusatz angetroffen wird: „David, patris mei, patris tui, patris ejus, patris sui“, (3 Kön. 2—12 achtundzwanzigmal, 2 Paral. 1—10 sechzehnmal und beispielshalber in der Ansprache Salomons bei der Tempelweihe aus seinem eigenen Munde kurz nacheinander siebenmal), wenn wir weiter bedenken, dass erst unter Salomon die Herrlichkeit Israel's ihren Höhepunkt erreichte, da der Sohn sich sonnen konnte im Glanze väterlichen Ruhmes, und wenn wir demnach zu dem Schlusse gelangen, dass die Bewunderung der Mitwelt sich konzentrierte auf David, den Vater, als den anerkannten Schöpfer der ganzen Pracht des Sohnes, so haben wir augenscheinlich den Zusatz „Vater“ zur Bezeichnung des höchsten Gottes der Hellenen seinem historisch-notorischen Charakter nach erwiesen.

Somit lassen wir, beiläufig bemerkt, den indischen Dyauspitar auf dem erhabenen Throne, auf welchen ihn die vergleichenden Ermittelungen von Max Müller — wie dessen Freunde sich rühmen — gestellt haben, nur beanspruchen wir den Thron samt seinem Inhaber für die heilige Stadt Gottes.

Werfen wir zum Abschlusse der Beispiele noch einen Blick auf die Sage vom Falle Troja's, dessen Wälle den mächtigen Hellenen all die Jahre hindurch Trotz geboten. Erst als das hölzerne Pferd, welches die verblasste Ueberlieferung frühzeitig und kinderhaft genug an die Stelle des wundersam wirkenden Palladium's gesetzt hatte, in feierlichem Zuge hinein in die Stadt geleitet wurde — Jünglinge und Jungfrauen in Scharen stimmten heilige Gesänge an und legten hocherfreut Hand an die Taue (Virg. 2, 238, 39) — da ist von Götterhand, die Block von Block gesprengt, der Riesenwall zerschmettert worden, dass Schutt und Rauch vereint in Wolken stiegen (Virg. 2, 608, 9.)

Hierfür ist aus dem Bereiche der Geschichte jenes historisch-notorische Palladium aufzubringen, dessen blosse Anwesenheit dazu genügte, der Feinde Bollwerk zu zerstören.

Und siehe: die jauchzende Menge und die posaunenden Priester zogen einher am siebenten Tage vor der Lade des Herrn unter Führung Josua's um die Wälle der Palmenstadt; et muri ilico corruerunt et ascendit unus quisque per locum, qui contra se erat ceperuntque civitatem. (Jos. 6, 20). Und wirklich ist der Ruf der wundersamen Bundeslade ein historisch-notorischer geworden; denn die mystische Lade (κίστη) der Eleusinien und der samothrakischen Weihen, das heilige Schiff (θεωρίς) der Athener und insbesondere die Ἀργώ Jasons, deren eminente sagengeschichtliche Bedeutung Homer genugsam bekundet, da er sie „πᾶσι μέλουσα" nennt (Od. 12, 70) bilden die mythischen Erinnerungen an jene Lade des auserwählten Volkes, welche gar im neuen Bunde sich die Welt erobern sollte als „tabernaculum Dei". Ebenso historisch-notorisch aber ist die Zerstörung der Stadt selbst geworden, welche Gott, der Herr, mit seinem Fluche belastet hat am Tage ihres Unterganges (Jos. 6, 26), einem Fluche, welcher sich an Hiel bestätigte (3 Kön. 16, 34), und welchen Vespasian erneuerte. Heute aber finden sich an der Stätte, auf welcher das palastreiche Jericho mit seinen Balsamgärten gestanden, trotz des vorzüglichen Klima's und eines reichlichen Wasservorrates nur mehr armselige Hütten für 300 verwahrloste Menschenkinder, und wo ehedem das Paradies der Palmen meilenweit sich dehnte, vegetieren zur Stunde nur mehr zwei elende Stämme — als Zeugen von verschwundener Pracht.

Wenn wir nunmehr auf dem vorgezeichneten Wege zwischen hebräischer Ueberlieferung und hellenischer Sage die Parallele zu ziehen suchen, so brauchen wir uns gar nicht auf den Standpunkt des Glaubens zu stellen, um darüber klar zu werden, welches von beiden Völkern die Priorität zu beanspruchen hat. Nehmen wir irgendwelche griechische Quelle der eigentlichen Sagengeschichte, in Prosa oder Verse gefasst, zur Hand und lesen uns ein gut Stück hinein, um gleich darauf zur biblischen Darstellung der israelitischen Heldengeschichte zu greifen, so wird ein unbefangener Leser es nicht zu bestreiten vermögen, dass ihn unwillkürlich und wie mit einem Schlage jenes Sicherheitsgefühl erfüllt, welches wir empfinden, sobald wir aus schwankem Nachen den Fuss auf festen Grund gesetzt. Ganz abgesehen davon, dass es um einheitlich bestimmte Oertlichkeiten der Hellenensage schlecht genug bestellt ist, dass all den wundersamen Gestalten, welche wir Götter und Heroen nennen, jegliche nationale Vorgeschichte mangelt, dass wir Schritt für Schritt auf wirkliche Undinge stossen und gleichsam von einem Labyrinth in das andere gelangen, wollen wir allein die Glaubwürdigkeit der Darstellung selbst ins Auge fassen. Dort die Verschwommenheit, die Meinung und der Zweifel, hier die Bestimmtheit, die Behauptung und Befriedigung, dort die Sage, hier die Rede, dort die Fetthaut, hier das Mark, dort die Schale, hier der Kern. Ich habe mich nie genug darüber wundern können, dass gegen die Behauptungen der Geschichtsforscher, die biblische Heldengeschichte repräsentiere eine fortlaufende Serie von Kinder-Märchen, überzeugungstreue Philologen nicht in die Schranken getreten durch den bündigen Hinweis, dass der ganze Charakter der äusseren Darstellung all die Bibel-Nörgler von vornherein ins Unrecht setzt.

Was sollen wir aber dazu sagen, wenn selbst die Theologen an die alt-ehrwürdigen Bibel-Texte mit jenem gleichen Secier-Messer herantreten, welches in der Hand von Philologen zu ganz bedenklichen Resultaten geführt hat? Hat A. Wolf nicht schliesslich über den eigenen Skepticismus sich geärgert, welcher ihn des Glaubens an seinen Homer beraubt hat? Oder lassen wir uns etwa die Freude an unserem Nibelungenliede verkümmern durch die Zersetzungs-Theorie eines Lachmann?

Wenn wir mit Recht von dem Gedanken ausgehen, dass die Existenz der Bibel ihre beste Legitimation ist, wenn wir beherzigen, dass die biblischen Berichte von der gleichzeitigen Völkergeschichte inschriftlich jeweils bestätigt worden, wenn wir uns bewusst bleiben, dass wir die Pietät, welche wir den Jahrtausenden der Vergangenheit schulden, modernem Skepticismus nie und nimmermehr zum Opfer bringen dürfen, wenn wir schliesslich gar der Worte des Herrn gedenken: „Coelum et terra transibunt, verba autem mea non transibunt“ (Marc. 13, 31), so werden wir uns sicherlich davor zu hüten wissen, unseren Glauben an das gute, alte Recht durch den erstbesten Vertreter der modernen Wissenschaft in Stücke hauen zu lassen.

Wenn aber anderseits die neuesten Repräsentanten der hebräischen Litteratur all ihre Kraft einsetzen, um das Volk Israel gegen den Vorwurf der Mythenlosigkeit zu schützen, welche selbst Ernst Renan konstatiert hatte durch die Behauptung: „Les Sémites n'ont jamais eu de mythologie“ — allerdings unter der seltsamen Begründung, dass die Wüste monotheistisch sei, und welche anderseits Josias Bunsen durch ein wahres Kraftwort bestätigte, dass nämlich die Hebräer aus dem verwilderten Naturleben Urasiens um höherer Weltzwecke willen zu ihrem und der Menschheit Besten herausgeschnitten worden: so erinnert mich ein solches Gebaren — um aus der harmlosen Kinderwelt den Vergleich zu nehmen — an die Ereiferung jenes naiven, vaterstolzen Jungen, welcher den Vorwurf der Hypothekenlosigkeit unter keinen Umständen auf seinem Hause „sitzen“ lassen wollte.

Doch eilen wir zum Schlusse. Heinrich Heine vergleicht bekanntlich in seiner Begeisterung für das Nibelungenlied dessen wuchtige Sprache und Entwicklung mit einem Gefüge von mächtigen Quadern. Dementsprechend wollen wir hinter seinem Mass-Stabe noch weit zurückbleiben, wenn wir den gesamten Ausbau der hl. Schrift einer Riesenkette von schimmernden Dolomit-Alpen zur Seite stellen, an deren Fundamenten für alle Zeiten rebellische Pygmäen-Händchen vergebens sich zerfleischen werden.

III. Ein Wink der Völkergeschichte.

Wenn wir die nächstbeste Geschichts-Tabelle zur Hand nehmen, um die Denkwürdigkeiten der Vorzeit zu mustern, kann es uns nicht entgehen, dass mit dem dreizehnten Jahrhundert die Grossthaten zur Neige gehen, am Nil so gut, wie am Euphrat und Tigris, und zwar zur Neige auf ein halbes Jahrtausend hinein.

Diese einzig dastehende Gross-Pause der Weltgeschichte wird einseitig ausgefüllt durch die fortlaufenden Daten des unscheinbaren israelitischen Volkes.

Sehen wir uns zunächst die Wirksamkeit Israels des näheren an.

Der phaenomenalen Gesetzgebung auf dem Sînaj folgt die Aufrichtung des nationalen Heiligtums, die Konstituierung des Gottesdienstes, die Begründung des Priestertums und die Einsetzung des Königtums von Gottes Gnaden.

Unter dem Segens-Strahle dieses wundersamen Fünfgestirns, aufgegangen am sonnenlosen Himmel einer gottesarmen Heidenwelt, erkämpft sich Israel seine Landesmacht in langjährigem Ringen mit den streitbaren Söhnen Kenághans und krönt sein Siegeswerk mit den stolzen Zinnen Sion's.

Und eine solche Menschenherrlichkeit sollte nicht die Grenznachbarn und die Inseln des Meeres in ihren Kreis gebannt, nicht den Giganten-Schatten auf ganz Hellas und selbst Italien geworfen haben, und gar zu einer Zeit, da anderwärts die Grossthat völlig ruhte?

Wo kreuzten denn die Völkerpfade des Verkehres im grauen Altertum, wenn nicht in Kenághan?

Von Sidon und Tyrus bis zu den Säulen des Hercules und den Silbergruben von Tartessus diente Insel für Insel zum Stapel-Platze der ältesten Schützlinge Merkur's, welche für ihre Handelsfahrten durch Signale und Leuchtfeuer selbst den Nacht-Kurs sich gesichert hatten.

Nicht eine Urstatt findet sich in Griechenland, die keine Spuren zeigte vom Phoenikier. Wozu bedarf es noch der Namen, Orchomenos und Theben, Tiryns, Argos und Mykene?

Hatte doch das umsichtige Handelsvolk gerade an den boeotischen, argolischen und lakonischen Gestaden die Purpurschnecke vorgefunden, als die Ausbeute in den heimischen Gewässern der ausgedehnten Fabrikation nicht mehr genügte.

Anderseits stiess der israelitische Verkehrsweg vom roten Meere (Ghezjon-Geber) über Jerusalem und Damaskus bis an den Euphrat (Thiphsach, Salomon) direkt an die grosse ostasiatische Handelsstrasse.

Indes kehren wir zurück zu den Tabellen der Geschichte.

Hand in Hand nämlich mit den bestimmten Daten des Volkes Israel gehen die mythenhaften Berichte der hellenischen Heroenzeit.

Sollten hier keine inneren Bande nachzuweisen sein, keine Beziehungen jenes Widerspiels, in welchem die Wahrheit und die Lebenskraft geneckt wird von der Traumgestalt und Dichtung?

Fragen wir uns doch: Woher die Götter all, woher die herrlichen Heroen, woher die Legionen der Gestalten zu einer Zeit, da Hellas selbst noch in der Wiege lag?

Und wirklich müssen bei der oberflächlichsten Gegenüberstellung der hebräischen Heldengeschichte und der gleichzeitigen hellenischen Ueberlieferungen Hunderte von urwesentlichen Vergleichungspunkten dem vorurteilslosen Beobachter unabweisbar in die Augen springen.

Hier wie dort die unverkennbaren Spuren der uranfänglichen gesellschaftlichen Entwicklung (Noach-Dionysos), der volkserziehenden Geistes-Kraft (Moses-Prometheus), der Verfolger und Unholde, (Pharao-Phorkys, Nechûshah-Medusa) der mühevollen, mit Irren und Wirren verbundenen nationalen Begründung (Josua-Theseus-Odysseus; Kaleb-Peirithoos-Achilleus), der nationalen Vereinigung zum Zwecke der Vernichtung des Gegners (Jericho-Troja, Gedeon-Jason, Midjan-Medea), der personifizierten Körperkraft (Simson-Herakles), des gewaltsamen Herrscher-Sturzes (Saul-Kronos) des landesflüchtigen Thronprätendenten (David beim Philister, Zeus in Aegypten), des sieghaften Oberherrn (David-Zeus), der riesenhaften Gegner (Enakiten-Kentauren, Philister-Titanen, Raphaiten-Giganten), der personifizierten Mannes-Schönheit (Abshâlom-Apollon), der personifizierten Weisheit (Salomon-Pallas), des neugegründeten Gottesdienstes (Bundeslade-χίστη-'Αργώ-θεωρίς), des wunderbaren Gotteszeichens (Wolkensäule-Wolkensammler, Feuersäule-Donnerkeil).

Anderseits erinnern zahlreiche Einzelheiten aus der griechischen Sage ohne weiteres an den nackten Verbal-Text des biblischen Berichtes. Beschränken wir uns auf die nachfolgenden sieben Beispiele:

1. Der schlaflose Drachenhort des Hesperiden-Gartens bestätigt den Glauben der Alten an das rastlos flammende Schwert (gladius flammeus atque versatilis) jenes Engels des Herrn, welcher am Garten Eden die Wache gehalten (Gen. 3, 24).

2. Das eine Auge und der eine Zahn der altersgrauen Hüterinnen Medusens zum gegenseitigen Austausche (restituet) bestätigen die Kunde der Alten von jenem strengen Rechts-Grundsatze des israelitischen Volkes: „Oculum pro oculo, den-

tem pro dente restituet (Lev. 24, 19)". Aug' um Aug', Zahn um Zahn!

3. Die Tiger, Panther und Luchse des Nysos-Gespannes, ganz besonders aber die Unzahl von Tieren, welche in der vielverzweigten Nysos-Sage eine hervorragende Rolle spielen (Esel, Ziege, Pferd, Stier, Hund, Widder, Fuchs, Reh, Löwe, Bär, Schlange, Delphin, Krähe) bestätigen den Glauben der Alten an die in der Arche Noach's mitsteuernden Vierfüssler — heutzutage in den Augen jedes sogenannten Gebildeten das Objekt fauler Witze!

4. Die Συμπληγάδες der Argonauten und die Πλαγκταί Homer's bestätigen den Glauben der Alten an das Zurücktreten und Zusammenschlagen der Brandung beim Durchzuge Israel's durch das rote Meer — heute ein abgethanes Ammenmärchen!

5. Der Bericht Homers, dass Agamemnon vor dem erwarteten Ansturme auf Troja im zehnten Jahre des Krieges an Zeus die Bitte gerichtet: „Μὴ πρὶν ἐπ' ἠέλιον δῦναι καὶ ἐπὶ κνέφας ἐλθεῖν, Πρίν με κατὰ πρηνὲς βαλέειν Πριάμοιο μέλαθρον" (Il. 2, 413, 14.) bestätigt die Kunde der Alten von dem bekannten Gebete und Gebote Josua's vor der von den Amoritern bedrängten Stadt Gibghôn: „Steteruntque sol et luna, donec ulcisceretur se gens de inimicis suis". (Jos. 10, 13.) Die moderne Welt aber beschwert sich darüber, dass Josua nicht ausgerufen „Erde, stehe still!" (Tableau!)

6. Die zottige, noch dazu mit Troddeln versehene Aegide des Zeus bestätigt die Kunde der Alten von der pellis pilosa caprarum, durch welche Michal in äusserster Not die Flucht des verfolgten Gatten zu verheimlichen suchte. (1 Kön. 19, 13.)

7. Die geschleuderten Felsblöcke und die aufgetürmten Berge der Giganten bestätigen die Kunde der Alten von den montes concussi et conquassati im Canticum Davidis unmittelbar nach der Vernichtung der riesenhaften Philister. (2 Kön. 22, 8.)

Demnach steht es keineswegs beim Glauben oder Unglauben, beim Wollen oder Nicht-Wollen, sondern lediglich beim Wissen oder Nicht-Wissen, zwischen Israel und Hellas die endgiltige Parallele zu ziehen.

Und wahrhaftig, der hellenische Götter-Himmel und Heroen-Saal hat nunmehr lange genug dem Unglauben und der Unwissenheit zum Tummel-Platze gedient. Hat doch einen gröberen Missgriff der Menschengeist nie begangen, als da er die Vielgötterei der alten Griechen und Römer zur Natur-Religion gestempelt hat, um den Polytheismus der Heiden als gleichwertigen Faktor gegen den Monotheismus Israels auszuspielen. Denn all die Götter des klassischen Altertums haben mit der eigentlichen Gottes-Frage direkt und von Hause aus nicht das mindeste zu schaffen, da sie nur die Ruhmes-Helden Israëls repräsentieren; wohl aber bestätigen sie indirekt jene totale Gottes-Armut, welche im Bewusstsein der eigenen Ohnmacht sehnsuchtsvoll nach einer fremden Stütze greift. So schämet euch denn, ihr ungläubigen Christen, vor jenen altgriechischen Heiden, welche von der Wunderkraft des Gottes Israels also tief durchdrungen und überzeugt gewesen, dass all die herrlichen Fürsten und Führer seines auserwählten Volkes von ihnen für würdig befunden wurden, zu ihren eigenen nationalen Vorbildern und Patronen auserkoren zu werden. Augenscheinlich aber ist die Hochflut der Ueberlieferung und Bewunderung gerade in die Tage Sauls, Davids und Salomons zu verlegen, so dass von vornherein die Angehörigen der königlichen Familie von anderen ausgezeichneten Israeliten wesentlich unterschieden wurden, eine Absonderung, welche mit der Zeit zur Trennung der Götter von den Heroen geführt haben mag. Man denke beispielshalber an den kleinen Mephibosheth, welcher nicht durch persönliche Verdienste, sondern nur als Königs-Enkel in den mythischen Olympos gelangen konnte. Wenn aber Alt-Hellas sich selbst gleichsam unter den Schutz jener Fürsten und Führer des israelitischen Volkes gestellt hat, in deren Gross-Thaten es die Allmacht ihres Gottes bewunderte, so ist offenbar die Wiege des hellenischen Polytheismus nicht der blinde Naturglaube, sondern der missverstandene und irregeleitete Glaube an den einzig wahren Gott.

Hiermit sind wir wiederum bei der Achilles-Ferse der Mythosforschung angelangt, bei jenem wunden Fleck, welcher uns beweist, aus welchem Grunde man sich scheut, zur Aufklärung der hellenischen Mythen der reichen Mitgeschichte des israelitischen Volkes sich anzuvertrauen, trotzdem alle anderen Wege, die mythologische Frage zu lösen, gleichsam im Sande verliefen.

Wer wird denn in die Wüste Früchte sammeln gehen, vorbei am Garten Eden, wer Gottes-Fragen lösen wollen, getrennt vom Reich und Worte Gottes, wer alle anderen Pfade suchen, nur den nach Sion meiden?

So kommet nach Sion und höret und staunet:

1. Wie Vater Noach unter dem Segen des Allerhöchsten das Menschengeschlecht neu begründet, die Scholle gepflügt und die Rebe gepflegt hat, Osiris-Dionysos hat die dankbare Kunde verbreitet vom Nilstrom bis zum Indus, vom Phasis bis zum Achelous.

2. Wie Moses, der grosse Prophet von titanenhafter Geisterkraft, zum idealen Schöpfer seines Volkes geworden und es glücklich zu den Thoren des gelobten Landes geleitete, an deren Schwelle jedoch der begangene Gottes-Frevel ihn bannte, der feuerspendende und der gefesselte Prometheus hat den bewundernden Jahrtausenden das erschütternde Andenken erhalten.

3. Was Israel gerungen in einem halben Jahrtausend seit Moses' Tagen bis zum Frieden Salomons, die Allgewalt des Volks-Repräsentanten Herakles hat es verkündet im ganzen Abendlande.

4. Wie die Israeliten unter der bewährten Führung eines Josua und Gedeon, um ihre Bundeslade geschart, von den Fluten des Nil bis zu den Wassern des Jordan gezogen und Hemmnis über Hemmnis genommen, Abenteuer über Abenteuer bestanden; die Argonauten eines Theseus und Jason haben es berichtet im Reiche der Inseln.

5. Dass Gott, der Herr, alle Landesfeinde ausgeliefert an den geliebten, einzig bevorzugten „Vater David“, den jugendlichen Hirten, den flüchtigen Gesalbten, den sieghaften Fürsten, den ruhmgekrönten König, den allbewunderten Hort der heiligen Gottes-Stadt: „Vater Zeus“ hat die Kunde mitgeteilt, in Kreta und Arkadien auf stiller Waldestrift, am fernen Nilstrand bei der Götterflucht, in den Triumphen über die Titanen und Giganten, im Sturze des verhassten Nebenbuhlers, im Voll-Besitze des Olymp, der Heiden Götter-Statt.

6. Wie Abshâlom, die personificierte Mannes-Schönheit, den Frevel, welchen Amînon an der jungfräulichen Schwester Thâmar begangen, im Blute des Bruders gesühnt hat und dadurch zum Lieblinge des Volkes geworden, das um sein Königsbanner sich scharte mit ganzem Herzen (2. Kön. 15, 13): Apollon, der von Schönheit strahlende, der rächende und strafende Gott, der schützende Bruder der jungfräulichen Diana, der Auserkorene, zu dessen Heiligtum ganz Hellas pilgerte, hat es bekundet vor den Thoren Thebens, da er Amphions ganzes Geschlecht dem Tode geweiht.

7. Wie König Salomon sich sonnen konnte im Glanze väterlichen Ruhmes, wie Gottes Weisheit ihm das Haupt geschmückt mit wundersamem Strahlenkranze, wie er als Friedenskönig in voller Menschenherrlichkeit auf Sion waltete: Tritogeneia's hehre Lichtgestalt, der Ruhmes-Engel auf der Hochburg Attika's, hat redlich ihrem ganzen Volk es kundgethan.

II.

Sieben Retrometamorphosen.

I. Dionysos.

Welch gewaltigen Kreis hat die Sage um jenen Sohn des Zeus gezogen, der, einem wahren Herakles vergleichbar, seinen ruhmreichen Namen bis an die Grenzmarken der Erde getragen.

Und majestätisch genug hat die Kunst ihren Nysos dargestellt, mit patriarchalischem Antlitz, wallendem Barte (κατακώγων) und faltenreichem Gewande (Sardanapal, Vatikan).

Weisen wir sofort auf die wichtigste Erscheinung und Thatsache hin, auf jene Merkwürdigkeit, welche um so mehr in den Hintergrund getreten, je weniger sie mit der üppigen Fülle der reichen Sage in Einklang zu bringen war: es ist die erklärte Widersetzlichkeit und Missachtung, auf welche der würdige Gott allenthalben gestossen, sowie anderseits folgerichtig die strenge Ahndung jedweden Verächters.

Der Widerstand gegen den Gott erreicht seinen Höhepunkt in der Usiri-Sage, da Bruder Set im Bunde mit 72 Genossen den vom Siegeszuge heimkehrenden Wohlthäter der Menschheit meuchlings ermordet.

Nur von diesem Gesichtspunkte aus ist es möglich, für den mythischen Nysos historische Beweise aufzubringen.

Vater Noah der Bibel war bekanntlich typisch geworden als „Prediger der Gerechtigkeit" (2 Petr. 2, 5), welcher, wenngleich im Glauben selbst erstarkt, doch nirgends Glauben zu erwecken vermochte.

„Erant comedentes et bibentes, nubentes et nuptui tradentes usque ad eum diem, quo intravit Noe in arcam. Et non cognoverunt, donec venit diluvium et tulit omnes (Matth. 24, 38), quia increduli fuerunt (1 Petr. 3, 20.)

Demnach bilden die eindringlichen Mahnworte des gerechten Noah an seine verkommenen Mitmenschen, sowie die infolge der freventlichen Missachtung über das ganze Geschlecht hereinbrechende Strafe des Himmels die geschichtliche Grundlage der Nysos-Sage.

Entsprechenderweise hatte der phrygische Sabazius (siehe unten) den Beruf, das Menschengeschlecht vom Unheile zu erlösen und vom Untergange zu erretten.

Musste doch ein Gottes-Urteil von solch elementarer Wucht und Ausdehnung dazu angethan sein, der überlebenden Nachwelt bis auf die entferntesten Generationen gleichwie mit flammenden Lettern den Gottes-Ruf ins Herz zu graben: „Cedite Caelitibus“! (Ov. Met. 6, 151.), jenen überzeugungstreuen Mahnruf, welcher wie ein goldener Leitfaden ganze Serien klassischer Mythen, insbesondere aber unsere Nysos-Sage durchzieht, jenes historische, alldurchdringende Echo der einzigen Erdenkatastrophe, welches weder die gewöhnlichen Schrecknisse der Natur genügend zu rechtfertigen, noch anderseits die gelehrtesten Vertreter des Unglaubens hinweg zu disputieren vermögen.

Gehen wir demnach zur weiteren Erklärung des Sagenkreises von Vater Noah aus und zwar unmittelbar vom biblischen Berichte, welcher den Patriarchen folgendermassen einführt:

1. Coepitque Noe vir agriola exercere terram (Landbau).

2. Et plantavit vineam (Weinbau).

3. Bibensque vinum inebriatus est (Orgien).

4. Et nudatus in tabernaculo suo (Mysterien). (Gen. 9, 20, 21.)

Wenn wir uns die Aufgabe stellen, von dem Labyrinthe klassischer Berichte über den mythischen Nysos die wirklichen

Grundzüge nachzuweisen, so lässt sich eine natürlichere, bündigere und zugleich erschöpfendere Disposition schlechterdings nicht ausfindig machen.

1. Landbau.

Diodor (1, 11; 3, 64; 4, 4), Herodot (2, 42; 123, 144) und Plutarch (2, 364) versichern übereinstimmend, dass der hellenische Nysos, der aegyptische Usiri und der phrygische Sabazios ein und dieselbe Gottheit gewesen.

Augenscheinlich aber stand Usiri an der wahren Grenze aegyptischer Rückerinnerung, gleichsam als Erzvater seines Volkes und erklärter Wohlthäter des gesamten Menschengeschlechtes.

Der Getreidebau gilt als seine ureigenste Erfindung (Apis-Kult), weshalb an seinen Festen die Wurzelstengel von Weizen und Gerste umhergetragen wurden; und gerade durch den Landbau soll er sein Volk zu friedlicher Gesittung und staatlicher Gesetzgebung geführt haben (θεσμοφόρος).

Ganz folgerichtig wird Usiri weiter die Bereitung jenes Getränkes zugeschrieben, welches, aus Gerste gebraut, an Wohlgeschmack dem Weine nicht nachsteht und Bier genannt wird (ζῦθος, Diod. 1, 20, 34; Herod. 2, 77).

Sabazios dagegen hat erstmals den Versuch gemacht, die Rinder in das Joch zu spannen, (ταυρόκερως), während vorher der Boden durch Menschenhand bebaut wurde. Anderseits nennt ihn die Sage den Erfinder all jener Ackergerätschaften, welche den mühsamen Landbau zu erleichtern vermochten.

In dem weinreichen Hellas selbst aber scheint Nysos, der Ackerer, bald in Vergessenheit geraten zu sein, da der ideale Grieche an dem Kulte des Sorgenlösers (Λυαῖος) sich reichlich zu entschädigen wusste. Uebrigens figuriert der Stier und das Pferd unter jener Unzahl von Tieren, welche, wie oben gesagt, die vielverzweigte Nysos-Sage charakterisiert. Endlich setzt schon das bekannte Attribut Διμήτωρ eine bereits vollzogene Metamorphose des Weingottes voraus.

2. Weinbau.

Der fröhliche (Hes. Theog. 941) Gott Nysos, der Sohn des Zeus, ward geboren auf dem Berge Nysa (Boeotien-Thrakien-Indien-Arabien-Aethiopien) und von den nysäischen Nymphen auferzogen. Der göttliche Spender des Weines, eine frische Jugendgestalt, das Haupt mit Epheu und Reben umkränzt, das leichte Rehfell über der Schulter, von Tigern und Panthern entführt, trägt auf endlosem Siegeszuge durch die alte Welt seinen Namen und seine Gabe zu den entlegensten Nationen, nachdem er schon als Knabe die natürliche Beschaffenheit, den Nutzen und die Kraft des Weines entdeckt, sowie die Kelter erprobt hatte (Ληναῖος).

So hatte denn die Begeisterung des Weines den altehrwürdigen Patriarchen, den Prediger der Gerechtigkeit, den Wohlthäter der Menschheit, den Begründer von Sitte, Gesetz und Arbeit umgeschaffen und neugestaltet (Διμήτωρ) zum jugendlichen Schwärmer (Statue im Museum des Louvre), ohne jedoch die Reinheit seines Charakters zu zerstören. Wurde doch nach Plutarch vor alter Zeit das Nysos-Fest zwar fröhlich, aber ganz einfach und ohne jede Ausgelassenheit gefeiert, im Zuge voran der Weinkrug, die Rebe und der Feigenkorb.

Indes trotz der gänzlichen Umgestaltung lassen sich immerhin noch deutliche Spuren erkennen, welche leicht auf Vater Noah zurückweisen.

Erinnert doch der weite Zug nach Indien an die einjährige Fahrt in der Arche, deren mitsteuernde Vierfüssler reichliche Ausbeute gewähren mochten, nicht nur für die rätselhaften Tiger, Panther und Luchse des Nysos-Gespannes, sondern überhaupt für die erwähnte Unzahl von Tieren, welche in unserer Sage eine hervorragende Rolle spielen. (Esel, Ziege, Pferd, Stier, Hund, Widder, Fuchs, Reh, Löwe, Bär, Schlange, Delphin, Krähe.)

Eine dunkle Erinnerung an die Arche Noah's weist die Usiri-Sage auf, wenn sie berichtet, dass der Gott, von Bruder Set ermordet, in verschlossenem Kasten dem Meere

preisgegeben, umhergtrieben wurde und zuletzt in Byblos landete.

Die Geburt im Gebirge mag auf die Thatsache zurückgeführt werden, dass die Arche auf den Höhen Armeniens (Gen. 8, 4.) hinwiederum zum Stillstande und auf festen Grund gekommen.

Die nysaeischen Nymphen dagegen, gleichsam **die Pflegerinnen des Gottes**, weisen augenscheinlich auf den Bericht der Bibel hin: „Et ingressa est uxor ejus et uxores (3) filiorum ejus“ (Gen. 7, 7; 1 Petr. 3, 20), wobei durch die Vierzahl der dienenden Frauengestalten zugleich die Existenz einer vierfachen Nymphengattung begründet zu werden scheint: „Νηϊάδες, Ὀρειάδες, Ἀλσηΐδες, Δρυάδες“, Begriffe, welche samt und sonders an die biblische Landung Noah's und seiner Frauen im Hochgebirge erinnern.

Schliesslich bringe ich die Kopfbinde des jugendlichen Nysos (μιτρηφόρος) in Verbindung mit dem Dankopfer Noah's, für welchen die Ueberlieferung den späteren Turban des Hohenpriesters beansprucht haben mag. Nach der naiven Sage freilich (Diodor) hat der Gott seine Binde gegen den Kopfschmerz reichlich genossenen Weines getragen.

3. Orgien.

Nachdem die Begeisterung des Weines den würdigen Patriarchen, wie gesagt, umgeschaffen zum jugendlichen Schwärmer, konnten noch ausgedehntere Metamorphosen dem dienenden Gefolge kaum erspart bleiben.

An Stelle der züchtigen Nymphen traten die leidenschaftlichen Mainaden und Bakchantinnen, und der frohe Sang des Dankes und Lobes entartete zum Wutgeheule entfesselter Hyänen, entschlossen, jedweden zu zerfleischen, der ihrem Herrn die Huldigung versagte.

So war die Entwicklung des Nysos-Kultes bald genug an der Grenze tierischen Unverstandes angelangt, und es darf uns in keiner Weise befremden, wenn den rasenden Weibern bestialische Männer zur Seite getreten in Gestalt jener stumpfnasigen, struppigen, rohen und trunkenen Gesellen, welche die Sage Σάτυροι und Σειληνοί (Ληναῖοι, Ληνοβάται) genannt hat.

Und trotzdem, mitten in dem Wuste entmenschter Geschöpfe bewahrt Nysos, gleich einem Könige unter Sklaven, die ganze Würde und Reinheit seines Charaktes, so dass selbst die Musen des Himmels mit Kunst und Wissen ihm zur Seite stehen (Diod. 4, 5.); gilt doch sogar die ernste Tragödie als das Werk der Künstler des Nysos.

Bewundern wir das Zartgefühl und die Wahrhaftigkeit der Ueberlieferung. Nachdem der biblische Noah nur einmal unbewusst von der unbekannten Kraft des Weines überwältigt worden, musste der Schild des mythischen Nysos rein erhalten bleiben, selbst mitten im Unflate seines Gefolges.

4. Mysterien.

„Maledictus Kenághan!“ (Gen. 9, 25.) Niemals mag der Fluch eines Vaters gegen seinen Sohn ungeheuerlichere Dimensionen angenommen haben in seiner Erfüllung, als es geschehen mit der Verwerfung des frivolen Cham durch den entrüsteten Noah.

Denn all die geheimen Ausartungen und menschenunwürdigen Weiterentwickelungen des Usiri-Kultes, all die Schmach der hellenischen Nysos-Mysterien samt ihren entsetzlichen Folgen, die ganze Schamlosigkeit der römischen Bakchanalien, gegen welche der heidnische Senat mit aller Strenge einschreiten musste (Liv. 39, 8.), selbst die hässliche Uranos-Kronos-Aphrodite-Sage, Erscheinungen, auf welche näher einzugehen weder die Geschichte, noch die Linguistik, noch die Aesthetik ein Interesse haben kann, sie verdanken ihren Ursprung dem Andenken an jene unglückselige Stunde, da der trunkene Noah entblösst vor den Augen seines Sohnes gelegen.

Suchen wir vom psychologischen Standpunkte aus nach inneren Gründen für die auffallende Thatsache, dass ganze Nationen sich nicht gescheut, Handlungen, welche das Licht der Sonne zu meiden haben (— und gerade die Bezeichnung

„Mysteria“ bekundete genugsam die wirkliche Existenz eines solchen Bewusstseins) mit erklärtem Gottesdienste zu verquicken, so werden wir antworten, dass der rückhaltlose Autoritäts-Glaube, welcher dem Menschen unverlierbar angeboren ist, auch hier ausschlaggebend gewesen.

Wie nämlich die Sage selbst in ganz wundersamer Weise es bestätigt, war Noah, der Begründer des neuen Menschenglückes, als der mythische Nysos in der Reinheit seines Charakters unangetastet geblieben. Gerade dadurch aber mochte selbst der abstossendste und bedenklichste Vorgang, welchen die Ueberlieferung irgendwie an seinen Namen geknüpft, in den Augen gottesarmer und glaubensbedürftiger Völker gleichsam sanktioniert worden sein.

Es erübrigt uns die sprachliche Namensvergleichung, welche nicht ungünstig zu nennen ist.

Den Stamm Nys (Nysa, Nysos, Nysaeus) stelle ich unmittelbar neben hebr. Nóach. Angenommen nämlich, es verflüchtigte sich das Cheth am Wortende zu He, so lassen sich für den weiteren Uebergang zu indogermanischem S Analogien leicht nachweisen: hebr. Artikel ha zu skr sa, hebr. hâgholam zu lt. saeculum, hebr. hákkadosh zu lt. sanctus.

Denken wir uns aber das Nomen proprium gleich dem abstractum (requies) zunächst plene geschrieben und lassen wir weiter das Vav konsonantisch werden, so erhalten wir in der hypothetischen Form Nôvach den vollen Schallwert für Loebas-ius, den Weingott der Sabiner. An Loebas-ius aber schliesst sich ohne weiteres Sabaz-ius an als Nysos der Phrygier. Ob der römische Liber neben Loebasius zu stellen ist, mag dahingestellt bleiben; jedenfalls wird die Erklärung „Liber, frei und frech“ sachlich wenig genug befriedigen.

Bei solchen Gegenüberstellungen an den sog. etymologischen Sprüngen Anstoss zu nehmen, ist der billigste Vorwurf, welcher sich denken lässt. Hier, wo Jahrhunderte und Nationen völlig unüberbrückt sich gegenüber stehen, können wir zur Vermittelung doch vorerst nicht jenen exakten Klein-Mass-Stab anlegen, wie beispielshalber bei den romanischen

Sprachen, in welchen sich quellenmässig Form für Form und Stufe für Stufe verfolgen lässt. Ueber einen Graben, welchem das Brückchen fehlt, kommt man zunächst nur durch einen beherzten Sprung; die Hauptsache ist, dass man über den richtigen Graben setzt.

Kehren wir zur Form Nôvach zurück, so erhalten wir mit Betonung der ersten Silbe ein denkbares Substrat für Νύμφη, während die Accentuation der zweiten Silbe auf Βάκχος (Abschleifung), βακχάω, βακχιάζω, βάκχευμα und weiter auf Ἴακχος (nicht umgekehrt), ἰάκχω, ἰακχάζω, ἰακχή führen musste.

Merkwürdigerweise trägt die Gefährtin des aegyptischen Nysos (Isis, entstanden aus Hesis) einen Namen, welcher ohne weiteres an die griechische Bezeichnung des mit dem biblischen Nysos unzertrennlich verbundenen Regenbogens erinnert. (Ἶρις). Vergleichen wir aber weiter die Stammformen Ἴσιδ-ος und Ἴριδ-ος mit Kesheth, der hebräischen Benennung des Regenbogens, so müssten wir es für ein sonderbares Spiel des Zufalles halten, wenn die nahverwandten Begriffe „Regenbogen, Nysos-Bundes-Zeichen (Gen. 9, 13) und Nysos-Gefährtin" zugleich eine überraschende Gemeinsamkeit des Wort-Stammes aufweisen würden — ohne gegenseitige innere Beziehung und Ableitung.

Die erwähnte Erweiterung und Spaltung der einfachen Namensform Noach veranlasst mich zu dem Hinweise, dass gerade die hebräische Sprache jene schlichten Ur-Stammformen darbietet, welche die scheinbar heterogensten indogermanischen Wortbildungen zwanglos zu verschwistern vermögen. Man vergleiche zur Bestätigung das Muster eines semitisch-indogermanischen Wort-Gruppen-Bildes am Schlusse der Abhandlung.

II. Prometheus.

Gleichwie die Sage die Fülle riesenhafter Leibes-Stärke an den ruhmreichen Namen des mythischen Herakles geknüpft hat, so vereinigt sie die Ideale titanenhafter Geistes-Kraft in der phaenomenalen Gestaltung jenes allgewaltigen Prometheus, welcher, geliebt und gefürchtet zugleich, zielbewusst und unentwegt das wankende Glück der armen Menschenkinder neu zu stützen und zu gründen sich erkühnt, dem höchsten Gotte zum Trotze.

Er hatte ehedem, da die neugeschaffene Erde vom hehren Aether sich gesondert, die zurückgebliebenen Keime des Himmels, getränkt mit der Woge des Flusses, zum Ebenbilde der allwaltenden Götter gestaltet. (Ov. Met. 1, 80–83.)

Und nunmehr, nachdem sein reines Geschlecht der Sünde verfallen, in frevler Habgier sich gegenseitig zerfleischte und selbst den ewigen Göttern den schuldigen Tribut versagte, hatte der Vater der Götter und Menschen beschlossen, die gesamten Erdenbewohner dem Untergange preiszugeben.

Doch der Schöpfer und Freund des Menschengeschlechtes hat es gewagt, die Wege des höchsten Gottes zu kreuzen. Aus der olympischen Werkstatt des Hephaistos raubt er den Keim des segenspendenden Feuers, und wohlgeborgen im markreichen Rohre der Narthex-Staude überreicht er die Himmelsgabe seinen dankbaren Lieblingen.

Nachdem er also den Grund gelegt zum Segen des häuslichen Herdes, stellt er sein ganzes Wissen und Können in den Dienst der beglückten Erdenkinder. Gewerbe und Arbeit, Kunst und Bildung, Verkehr und Handel gedeihen und blühen unter der weisen Anleitung des Prometheus.

Indes der frevelhafte Trotz gegen den höchsten Gott vermochte der gerechten Strafe auf die Dauer nicht zu entgehen: die Brust vom Pflocke durchbohrt, ward der Titane nach dem entlegenen Skythien entführt und von Hephaistos in Ketten geschlagen.

Also war Metheus, gewaltigen Geistes, der Menschenbildner, Feuerspender und Gottesfrevler an den rauhen Kaukasos gefesselt worden.

Ist das nicht der biblische Moses, wie er leibte und lebte? Moyshês (aegypt. gleich Wasser-gerettet), der Begründer der israelitischen Herrlichkeit, war gerade dadurch zum geistigen Schöpfer und Bildner seines Volkes und des ganzen Menschengeschlechtes geworden, dass er das Licht der Offenbarung, das Zehngestirn des Dekaloges, vom rauchenden und flammenden Sînaj herabgebracht hat.

Beachten wir es wohl, wie der Geist des Volkes die Sage behandelt. Weit entfernt, die Allegorie zu suchen und zu schaffen, zerstört er dieselbe geradezu.

Menschenbildung und Geisteslicht, abstrakte Begriffe, welche dem Horizonte jener Sterblichen ferne liegen, die im Schweisse des Angesichtes ihr täglich Brod gewinnen, nehmen konkrete Gestalt an und werden überliefert als buchstäbliches Formen der Thon-Erde und als brennendes, loderndes Feuer.

Ein kräftigeres Argument gegen die Allegorie und die ewige Metapher, welche der modernen Mythosforschung lediglich zur Maske ihres Unglaubens dienen muss, können wir uns nicht wünschen.

Bewundern wir anderseits die Wahrhaftigkeit und Dankbarkeit der Ueberlieferung. Hat sie doch an ihres Metheus' Namen, welcher heute nach dreitausend Jahren noch seinen vollen Klang besitzt, den ganzen Inbegriff menschlicher Geistes-Grösse geknüpft, um der Nachwelt die würdige Erinnerung an jene historische Persönlichkeit zu hinterlassen, welcher die Weltgeschichte einen Rivalen nicht zur Seite zu stellen vermag. Denn wo hat je ein Sterblicher örtlich und zeitlich mächtigere Kreise um seinen Namen geschlagen, als Moyshês, der Riese unter den Pygmäen, der Gesetzgeber der Jahrtausende, der erste Prophet und erklärte Freund des höchsten Gottes? (Exod. 33, 11.)

Seiner sagengeschichtlichen Bedeutung nach kann allerdings Vater David nicht nur mit Moses verglichen, sondern muss geradezu über ihn gestellt werden. Wenn wir jedoch berücksichtigen, dass Vater David nach seiner äusseren Stellung und seinen glänzenden Erfolgen gleichsam eine dankbarere Rolle auf der Bühne Israel's spielte und zudem örtlich dem Centrum des damaligen Völkerverkehres näher gerückt war als Moses in der Wüste, so werden wir es leicht verstehen, wenn zwar der mythische Prometheus dem historischen Moses die Wage hält, der mythische Vater Zeus aber nicht nur den historischen Vater David, sondern selbst den mythischen Prometheus weit überragt. Oder sollte bei Vater David wirklich die im Mythos erstarrte Bewunderung der Mitwelt die ganze Nachwelt an Dankbarkeit und Wahrhaftigkeit beschämen? Ist es doch keineswegs ausgeschlossen, dass der Mythos, wenn seine Erforschung auf historischer Grundlage und an der Hand der Sprachvergleichung gesicherte Resultate erzielt haben wird, nicht nur zum Schiedsrichter für die haltlose Chronologie der Vorzeit, sondern auch zum vollgiltigen Zeugen für die Geschichte selbst erhoben werden kann.

Den Uebergang vom feuerspendenden zum gefesselten Prometheus werden wir vom historischen Standpunkte aus zu gewinnen suchen.

Das Volk Israel war auf seinem Zuge durch die Wüste Sîn in Kadêsh angekommen, einer Oertlichkeit, welche, westlich vom Berge Hôr gelegen, schon frühzeitg „die Quelle des Gerichtes“ genannt worden, wie die Stätte heute noch den Namen führt: „die Quelle der Gerechtigkeit“.

Hierselbst ist Mirjâm heimgegangen, jene grosse Prophetin und Schwester des Moyshês, welche in entlegenem Lande wiederaufleben sollte als die mythische Semiramis.

Vierzig Jahre der Entbehrungen hatten das erschöpfte Volk erbittert, und der Geist der Unzufriedenheit und des Aufruhrs erhob sein Haupt aufs neue. Kein Wunder daher, dass Moyshês, als er im Begriffe war, auf das Gebot des Herrn mit seinem Wunderstabe das ersehnte Wasser aus dem Felsen zu schlagen, nicht, wie ehedem auf Chorêb, blindlings und ohne weiteres gehorchte, sondern gerade mit Rücksicht auf die Undankbarkeit des rebellischen Volkes einem wirklichen Zweifel an das zu erwartende Wunder und somit an das Wort Gottes durch die Frage Ausdruck gegeben: „Num de petra hac vobis aquam poterimus eicere?“ (Num. 20, 10.)

Und die Strafe des Himmels folgte auf dem Fusse: „Quia non credidisti mihi, ut sanctificares me coram filiis Israël, non introduces hos populos in terram, quam dabo eis.“ (Num. 20, 12.)

Schauen wohl sollte Moyshês das gelobte Land vom Gebirge Ghabârim aus auf der letzten Höhe Pisgâh, westlich vom Gipfel Nebô gelegen. „Vidisti eam oculis tuis et non transibis ad illam“. (Deut. 34, 4.) Jedoch an jene Höhe sollte der grosse Prophet gebannt bleiben; denn „Moses, der Knecht des Herrn, starb daselbst im Lande Moab nach dem Befehle des Herrn.“ (Deut. 34, 5.)

Also Moyshês gebannt auf Pisgâh, Μηθεύς gefesselt an den Kaukasos!

Strenge genug ist demnach die Ueberlieferung mit Moses ins Gericht gegangen. Seinen Zweifel, erzeugt und genährt durch die Sünden des Volkes, ein Misstrauen in Gedanken und Worten, welchem der vollendete Gehorsam der That sich zur Seite gestellt, hat die Sage zu jener Hartnäckigkeit und trotzigen Auflehnung ihres Prometheus gesteigert, welche nur durch eiserne Fesseln zu bändigen war, eine Steigerung übrigens, welche wir nur bewundern können, wenn wir von der Voraussetzung ausgehen, dass das Menschenherz zur Zeit der Kindheit unseres Geschlechtes von der unantastbaren Majestät des wahren Gottes tiefer durchdrungen gewesen als in späteren Zeiten.

Es bedarf wohl weder hier bei den eisernen Ketten des Kaukasus, noch fernerhin bei all den zahlreichen Gelegenheiten des erneuerten Hinweises, dass die Allegorie der Sagenbildung durchaus ferne steht.

Was schliesslich die unsterbliche Leber des Metheus anbetrifft, welche, vom gewaltigen Aar bei Tage zerfleischt, zur Nachtzeit wieder frisch gewachsen (Hs. Theog. 523), so verweise ich auf die Worte der hl. Schrift: „Non caligavit oculus ejus nec dentes illius moti sunt". (Deut. 34, 7.) Da hiernach die gewöhnlichen Anzeichen der herannahenden Auflösung nicht eingetreten, mochte der Schluss auf das Ausbleiben des Todes überhaupt und folgerichtig auf die Fortdauer der Qual nahe genug gelegen haben. Ausserdem mag ein Hinweis auf jenen weiteren Bericht der Bibel (Jud. 9), nach welchem der Satan (zerfleischender Aar?) mit dem Erzengel Michael um den Leichnam des Moses gerungen, durchaus nicht unangebracht erscheinen.

Was den befreiten Prometheus anbetrifft, wie beispielshalber Aischylos in seiner grossartigen Trilogie ihn geschildert hatte, so muss derselbe als willkürliche, indes durch die Dankbarkeit und das Mitleid reichlich begründete Weiterbildung der Sage ohne historische Grundlage aufgefasst werden, eine Annahme, welche schon durch die Widersprüche der Ueberlieferung hinlänglich bestätigt wird.

Indes können wir dem bedeutsamen Umstande unsere Bewunderung nicht versagen, dass gerade Herakles es gewesen, dessen giftiger Pfeil den Aar erreicht und die Entfesselung des Titanen ermöglicht hat. Muss ja doch Herakles anerkannt werden als „der Israelite" κατ' ἐξοχήν, als der Repräsentant des Volkes Israel in seinem endlosen Ringen um die Begründung einer unbestrittenen Landesmacht.

Wenn also nach der Ueberlieferung Prometheus durch Herakles hinwiederum befreit worden, so hat die Sage es verstanden, das Andenken des grossen Propheten zu verklären durch den Hinweis, dass das Werk seiner Hände, dessen Abschluss ihm versagt geblieben, durch den Segen des Himmels gekrönt worden ist mit der vollendeten Herrlichkeit Israels unter Vater David und König Salomon, welche, mit Moyshês vereint, jenes Dreigestirn göttlicher Liebe und Freundschaft constituieren, dessen Wiederschein im Abendlande das

Dunkel der hellenischen und römischen Gottes-Armut auf Jahrhunderte hinein erleuchten sollte.

Die Namens-Vermittlung Moyshês-Μηθεύς bietet sichtlich keine ernste Schwierigkeit; gehört doch der Wechsel von Shîn und Thav zu den bekanntesten Uebergängen. Augenscheinlich aber verdanken wir der Verquickung einheimischer Etymologie mit dem Grundbegriffe des Μηθεύς-Charakters als der Vorsorge ohne die Genehmigung des Zeus nicht nur die Namens-Ergänzung Προ-μηθεύς, sondern auch den mythischen Gegensatz Ἐπι-μηθεύς und zwar der Person, wie dem Namen nach.

Wenn von den sprachvergleichenden mythologischen Theoretikern der hellenische Προμηθεύς neben den indischen Pramati gestellt wird, so mag sich gegen die Identität der beiden Namensbezeichnungen ein ernstlicher Einwand wohl nicht erheben lassen. Indes durch diese rein sprachliche Gegenüberstellung ohne sachliche Grundlage ist nicht viel gewonnen; zudem versteht sich die Antwort auf die Frage, welche von beiden Formen die Priorität zu beanspruchen hat, keineswegs von selbst. Ich habe mich nämlich nie genug darüber wundern können, dass die Ueberwucherung des A-Vokalismus, welcher die Sanskrit-Sprache in der Weise kennzeichnet, um nicht zu sagen brandmarkt, dass eingefleischte Sanskritisten denselben unbewusst in ihre eigene Muttersprache herüberzunehmen pflegen, nicht schon längst zu dem berechtigten Schlusse geführt hat, dass die Sanskrit-Sprache nie und nimmer als Original-Sprache oder gar als Ur-Zunge gelten kann, zumal schon ihr Name sie als Kunst-Sprache dokumentiert. Besitzen doch sämtliche Consonanten je einen bestimmten Vokal-Charakter, so dass gerade das Bestreben des heterogenen Consonanten, hinwiederum zu seinem natürlichen Aushauche und Hauchlaute zurückzukehren, die treibende Kraft in der ewigen Entwicklung der Menschen-Zungen bildet.

Für den Versuch, des Prometheus Vater Japetus auf den biblischen Jâpheth, den zweiten Sohn Noah's, zurückzuführen, lässt sich ein wirklicher Grund wohl kaum ausfindig machen; denn es ist nicht wohl anzunehmen, dass die Erinnerung der Hellenen soweit zurückreichen konnte, um etwa den historischen Semiten als einheimischen Indogermanen zu beanspruchen. Wahrscheinlich liegt hier eine jener Geschlechtsverwechslungen zu Grunde, welche in der Sage, wie in der Sprache überhaupt, gar nicht selten sind. Weiss doch, um einen Vergleich aus der Schulgrammatik zu nehmen, jeder Tertianer, dass der zufällige weibliche Auslaut das regelrechte männliche Geschlecht zu terrorisieren vermag. (Garumna, m; Garonne, f.)

Es hatte nämlich des Moyshês Mutter den Namen Jochâbed getragen, eine schwerfällige hebräische Stammform, welche durch die Synkope, Kontraktion und Lautverschiebung sich leicht zu Ἰαπετός vereinfachen konnte, unter der Voraussetzung allerdings, dass der Mangel einer weiblichen Endung das Aufgeben des weiblichen Geschlechtes veranlasste.

Einen jugendlichen Doppelgänger des Prometheus auf Grund aegyptischer Tradition mögen wir in jenem Enkel des Akrisios erkennen, welcher vom Grossvater zugleich mit der Mutter in offenem Kasten dem Meere preisgegeben worden, um schliesslich auf Seriphos zu landen und vom Könige Polydektes aufgenommen zu werden.

Liegt doch die Erinnerung an die Geburt unseres Moyshês nahe genug. Gleichwie Ramessu, der Grosse, der gefeierte Sesostris der Sagengeschichte, aus Furcht vor der starken Vermehrung der Israeliten in Aegypten den grausamen Befehl hatte ergehen lassen, jeden Knaben unmittelbar nach der Geburt den Wassern des Nil preiszugeben (Ex. 1, 22.), so hatte der König von Argos, welcher nach dem Ausspruche des Orakels von der eigenen Nachkommenschaft für sein Leben fürchten musste, die Tochter Danaë mit dem neugeborenen Perseus den Wellen überlassen.

Neben der Aussetzung im seltsamen Behälter dient besonders die Aufnahme des Findlings am königlichen Hofe dazu, einen Zusammenhang zwischen Sage und Geschichte nachzuweisen.

Als Perseus herangewachsen war, erhielt er bekanntlich von Polydektes den Auftrag, im fernen Westen das versteinernde Haupt der schrecklichen Gorgo Medusa zu holen, deren historisches Prototyp wir nunmehr nachzuweisen suchen.

Von dem Wasser des Widerspruchs zu Kadêsh (aqua contradictionis Num. 20, 13.) waren die Israeliten zum Berge Hôr gekommen, auf dessen Höhe Aharôn heimgegangen, da auch er nicht geglaubt dem Munde des Herrn (Num. 20, 24).

Da die Erbitterung des Volkes sich mehrte, sandte Gott jene giftigen Schlangen (serpentes ignitos), welche die Murrenden dahinrafften. Gegen diese Gottes-Plage nunmehr errichtete Moyshês nach dem Gebote des Herrn jene eherne Schlange (serpens aëneus), zu welcher die Verwundeten aufblicken mussten, um vom Tode errettet zu werden.

Mit Nachdruck weise ich daraufhin, dass dieses Zeichen (signum) des Moyshês keine ephemere Erscheinung gewesen, sondern ein historisch-notorisches Wahrzeichen in der Geschichte der Israeliten gebildet hat, indem es sieben Jahrhunderte hindurch erhalten geblieben, bis der fromme König Chizkijah das Abzeichen göttlicher Wunderkraft endlich zertrümmerte, weil das abgöttische Volk sich nicht abhalten liess, ihm seine Rauchopfer darzubringen. (4 Kön. 18, 4.)

Ich trage daher kein Bedenken, die mythische Medusa zurückzuführen auf unsere eherne Schlange, welche der Hebräer „Nechushthân" oder einfacher „Nechûshah" (aënea) nannte, so dass ich behaupte: Moyshês siegreich und wunderbar durch seine Nechûsha, Perseus siegreich und furchtbar durch seine Medusa.

Die Identität des Schallwertes liegt auf der Hand, nicht so die Vermittelung der Sache. Wie konnte das wunderbare Zeichen Gottes und des Lebens in der Sage entarten zum Scheusale des Todes?

Den Anblick der starren (ehernen) Schlange gestaltete sich die Ueberlieferung zum erstarren machenden (versteinernden) Blick des Schlangen-Hauptes: also Anblick passiv, starr faktitiv, Schlange partitiv, und die Medusensage war fertig, zumal die weibliche Klangform Nechûshah-Medusa von selbst zur Schöpfung des Weibes führen musste. Dem anscheinend geschraubten Uebergange aber bleibt seine ganze Volkstümlichkeit trotzdem gewahrt. Einerseits nämlich musste eine starre Schlange bald genug als Unding gelten, während anderseits die Erstarrung aus Furcht eine bekannte Thatsache ist.

Indem an eine Namensvermittlung Moyshês-Perseus kaum zu denken ist, findet sich dagegen in aegyptischen Quellen verzeichnet, der biblische Moyshês hätte ursprünglich den Namen Osarsiph geführt und wäre Priester in Heliopolis gewesen. Eine Entwicklung Osarsiph-Perseús aber bedarf nur der Synkope und vom hebräischen Standpunkt aus des Uebergangs von vokalischem zu konsonantischem Vav.

Wenn Medusa, die Schreckliche, nach der Ueberlieferung als die Tochter des greisen Meergottes Phorkys gegolten, so wurde sie hierdurch in das Reich jener Despoten verwiesen, welche nicht nur selbst Schrecken zu verbreiten wussten, sondern unmittelbar vor dem Auszuge der Israeliten durch die Hand Gottes mit historisch-notorischen Schrecknissen heimgesucht wurden. Konnte doch die Namensbezeichnung der aegyptischen Herrscher: „Phiaûru, Phurro, Phurris“, wie aus der hebräischen Stufe Pargho h (Φαραώ) zu ersehen ist, leicht auf Φόρκυς geführt haben. Im besonderen aber wäre gerade an Ramessu II. zu denken, welcher 67 Jahre regiert haben soll (der greise Phorkys) und mit seinen 60 Söhnen und Töchtern ausserdem in die Danaiden-Sage verwickelt zu sein scheint.

Zum Schlusse sei es mir gestattet, einer Vermutung Raum zu geben, deren Kühnheit durch die verlockende Perspektive einigermassen entschuldigt werden mag.

Wenn wir nämlich nicht annehmen wollen, dass der denkwürdigste Akt aus der israelitischen Geschichte, die Gesetzgebung auf Sînaj, jenes erhebendste aller Schauspiele, für welches die entfesselten Elemente der Natur die gotteswürdige Scenerie geschaffen haben, an der Heidenwelt spurlos vorüber gegangen, so müssen wir die neun Musen der Hellenen, welche ursprünglich ausschliesslich als die Vermittlerinnen der göttlichen Offenbarung gegolten, kündend alles, was ist, sein wird oder gewesen (Hes. Theog. 38), jene Töchter des Himmels, geboren wenig vom höchsten der Gipfel entfernt des beschneiten Olympos (ib. 62.), als die mythischen Trägerinnen der neunfachen (die hl. Schrift Ex. 20, 17 und Deut. 5, 21 vereinigt das neunte und zehnte Gebot: „Non concupisces") Himmelsgabe aus der Hand des Mose (hebr. Mosheh) erklären, benannt nach ihrem geistigen Vater selbst. (Μῶσα ältere Form für Μοῦσα). Bieten doch die zahlreichen Oertlichkeiten, welche an Moses erinnern, genau die Wortform der hellenischen Μοῦσα dar: so das Kloster der fanatischen indischen Derwische südlich von Jericho: „Nebi Musa" (Prophet Moses), die vermeintliche Grabstätte, sowie jenseits des Jordan: „Djebel Musa" (Moses-Berg), die wirkliche Grabstätte (Pisgâh), jene denkwürdige Höhe, welche acht Jahrhunderte nach dem Heimgange des grossen Propheten zugleich die Heimstätte der heiligen Lade werden sollte, da Jeremias vor dem Abzuge nach Babylon sie in einer Höhle geborgen — für ewige Zeiten. (2 Mach. 2, 5—7.) Oder gedenken wir des herrlichen Felsen-Thales „Wadi Musa" (Moses-Thal), südlich vom Doppelhorn des Berges Hôr gelegen, welches ehedem der Adlerhorst (Jer. 49, 16) der trotzigen Edomiter beherrschte, jene stolze Felsen- und Höhlenstadt Petra, deren kyklopische Bauten, mächtige Felsengräber und grossartige Terrassen-Anlagen gewiss kein Hindernis bilden, die stammverwandten Hykshos, wie oben dargethan, als das historische Prototyp der mythischen Kyklopen zu erklären.

Ausserdem aber mögen schliesslich all die zahlreichen Orakelstätten der alten Welt als mythische Reflexe des einzigwahren Gottes-Orakels auf Sînaj aufzufassen sein.

III. Die Argonauten.

Gar wunderlich ist die Kunde, welche die Hellenen an den Anbeginn ihrer nationalen Entwicklung gestellt haben, die Sage nämlich von der allüberall berühmten Ἀργώ (πᾶσι μέλουσα, Od. 12, 70.). Zu einer Zeit, da ihr Schiffsbau sicherlich noch in den Windeln gelegen, — wenigstens überliefert Diodor (4, 41.), dass die Menschen in jenen Zeiten nur auf Flössen fuhren und auf ganz kleinen Kähnen —, bleibt aus einem Labyrinthe von verquickten Mythen, welches die Dienste der gesamten Heroen in Anspruch genommen, als wirklicher Sagenkern lediglich nichts zurück als der Name eines Schiffes Ἀργώ, dessen Bedeutung zudem jeder vernünftigen Erklärung spottet.

Ἰήσων aus Jolkos, bedroht vom Vatersbruder Pelias, ruft der Helden Schar zusammen, gemeinsam auszuziehen nach einem Unding, dem goldenen Vliesse jenes Widders, auf welchem Phrixos aus Orchomenos, flüchtig vor der Verfolgung seiner Stiefmutter Ino aus Theben, nach einem Lande (εἰς Αἶαν) gekommen war jenseits des Hellespontes. Das Vliess wird zwar glücklich entdeckt in der hintersten Ecke des Pontos und von den Heroen zur Nachtzeit gestohlen, nachdem sie mit dem Gifte Medea's den schlaflosen Drachen feige getötet. Von Stunde an aber bleibt jede Spur des kostbaren Beutestückes völlig verloren.

Das ist der nackte Thatbestand des ersten nationalen Unternehmens der gefeierten Hellenen. Der unsicheren Heimkehr gar nicht zu gedenken; die Karte der alten Welt wird von der Sage vollständig abgesucht: Tanais, Ister, Okeanos, Säulen des Hercules, libysche Wüste, Triton-See, Mittelmeer.

Dass der Mythus sich hier ein ganz gewaltiges Quidproquo zu Schulden kommen liess, liegt auf der Hand.

Gedenken wir vorerst jenes bekannteren Fahrzeuges, auf welchem der mythische Theseus seinen Zug nach Kreta unternommen. Diesen Dreissig-Ruderer sollen die Athener nahezu tausend Jahre lang (bis auf Demetrios von Phaleron, 345—283) wie ein Heiligtum in Ehren gehalten haben, so dass sie Stück für Stück je nach dem Grade der Verwitterung mit ängstlicher Genauigkeit neu einsetzten, wodurch sie beispielshalber ihre geistreichen Philosophen in Verlegenheit zu bringen wussten durch die Existenz eines Dinges, welches dasselbe geblieben, ohne dasselbe zu sein. (Plut. Thes. 23.) Ein historisches Abbild des mythischen Dreissig-Ruderers finden wir in dem *heiligen Schiffe* der Athener vor, in jener θεωρίς, auf welcher die Nachkommen des jonischen Anherrn durch die jährliche Wallfahrt nach Delos ihrem Gotte Apollon den schuldigen Dank fort und fort erneuerten, jenem heiligen Schiffe, dessen Abwesenheit dem verurteilten Sokrates noch dreissig Tage Gelegenheit geboten, seine untröstlichen Schüler zu belehren.

Anderseits erinnere ich an jenen geheimnisvollen Zug aus unserer Argonauten-Sage, nach welchem die Götter Ἰήσων den Tod verliehen zu der Stunde, da er auf dem Isthmos schlafend im Schatten seiner Argo lag.

Sollte demnach nicht nur der Dreissig-Ruderer des Theseus, sondern auch des Ἰήσων Fünfzig-Ruderer, auf welchen der ganze Argonauten-Mythos sich konzentriert, nicht ein verkanntes wirkliches Heiligtum bedeuten?

Wenn nämlich nach der Ueberlieferung *die Argo durch die libysche Wüste getragen werden musste*, so konnte sie weder ein Fünfzig-Ruderer noch überhaupt ein Seefahrer sein.

Indes das Schlaglicht war erschienen: ein Heiligtum, welches durch die Wüste getragen worden, konnte nur *die Bundeslade der Israeliten* repräsentieren.

Um jedoch die Ueberraschung und den Zweifel sofort aus dem Felde zu schlagen, lasse ich die Pfadfinderin der Wortvergleichung auf dem Fusse folgen. Seine heilige Lade nannte der Hebräer nicht nur Arôn-habberîth (arca foederis), sondern auch Arôn-hâ-êdûth (arca testimonii). Setzen wir aber für êdûth das gleichwertige êdâh ein und zwar ohne Artikel, so erhalten wir jenes Nomen compositum Aronêdah, aus welchem der Hellene durch Lautverschiebung und Einsetzung der gutturalen Media seinen 'Αργονηῦτα und seine 'Αργονηῦται gewonnen hat. Für die Sagenbildung selbst aber mochten die folgenden drei Hauptfaktoren massgebend geworden sein.

Wenn wir nämlich von der natürlichen Voraussetzung ausgehen, dass zugleich mit dem Rufe der Lade die Kunde des Zeltes zu den Hellenen gelangt sein wird, so mag gerade die verdunkelte Erinnerung an die israelitische Stiftshütte als eines mit Teppichen überspannten Holzbaues von 15 m Länge, 5 m Höhe und 5 m Breite dem Ansinnen der einheimischen Etymologie, die hergebrachte, begrifflich jedoch erstorbene Namensbezeichnung 'Αργονηῦται ohne weiteres als Argo-Fahrer zu deuten, kräftigen Vorschub geleistet haben, zumal das Volk Israel selbst dem Auslande in erster Linie als „fahrendes" vor Augen schweben musste (Wüstenfahrt).

Uebrigens finden wir die Erinnerung an die israelitische Lade selbst in der hellenischen κίστη wieder, jener mystischen Lade, welche nicht nur zur Aufbewahrung geheimnisvoller Geräte diente, sondern auch bei religiösen Aufzügen mitgeführt wurde.

Ich scheue mich nicht im geringsten, an dieser Stelle unverhohlen dem Gefühle Ausdruck zu verleihen, welches mich beseelte, da ich mitten aus dem Labyrinthe mythischer Undinge durch einen Schritt der Wortvergleichung vor das Allerheiligste des auserwählten Volkes gekommen. Denn ehe ich mich eines Gedankens versehen, schwebten mir die Worte auf den Lippen: „Ne appropies huc: solve calceamentum de pedibus tuis, locus enim, in quo stas, terra sancta est. (Ex. 3, 5.)

Das Centrum des mythischen Heroen-Kreises war gefunden. Alle Fahrten und Irrfahrten, von welchen die Altväter Griechenlands berichten, all die Züge eines Herakles, Jason, Theseus, Odysseus, all die ἀλήμονες ἄνδρες Homers, sie repräsentieren nichts anderes, denn die Erinnerung des Auslandes an die wundersame Fahrt des Volkes Israël von den

Fluten des Nil bis an die Wasser des Jordan, ausgeführt unter dem Schutze und Segen seines wahren Palladium's, der Aronêdah.

Gehen wir zu den wichtigsten Einzelheiten der Sage über. Um in erster Linie die Hauptpersönlichkeiten Ἰήσων und Μήδεια zu ermitteln, heben wir an mit der Berufung des Richters Gidghôn. Seine siegreichen Kämpfe gegen die arabischen Stämme Ghamâlek und Midjan nennt der Prophet schlechthin „den Tag Midjans" (Jes. 9, 3). Sonach haben wir von Γεδεών (Septuaginta) und Mídjan auszugehen.

Γεδεών (Ἰήσων), Sohn des Jo-âsh (Αἴσων), durch den Engel berufen, das Volk Mídjan aufs Haupt zu schlagen, erlangt vom Herrn zum Zeichen der Beglaubigung seiner Sendung das Wunder jenes ausgebreiteten Vliesses, welches bei der ersten Morgenfrische taugetränkt auf trockener Tenne lag (— und da er das Fell ausdrückte, füllte er eine Schale mit Tau, Jud. 6, 38), bei der zweiten trocken auf ringsum feuchtem Hofe befunden ward.

Diesen wunderbaren Vorgang mit einem natürlichen Woll-Vliesse hat die Sage augenscheinlich verquickt mit jenem goldenen Schulterkleide (Ephôd), welches Gidghôn zum Unheile seines Volkes aus den Ohrgehängen der Ismaeliten als Zeichen des wunderbaren Sieges anfertigen liess. (Jud. 8, 27.)

So hat also die Sage das wunderbare Zeichen der Berufung (Vliess) und das kostbare Zeichen des Sieges (Gold) gleichsam vereinigt und umgeschaffen zu ihrem seltsamen, kostbaren Siegespreis (Zweck der Heerfahrt).

Der Name des feindlichen Volkes Mídjan mochte durch Abschleifung bald genug weiblichen Klang erhalten haben, welcher aus sich selbst leicht dazu führen konnte, die hellenische Μήδεια als erklärte Feindestochter mit giftigem Zauber zu umgeben, doch ihr als Eva's Tochter ein menschlich Rühren gegenüber dem stattlichen Ἰήσων ins Herz zu senken.

Demnach hat hier der Mythos nicht nur den Uebergang vom Genus masculinum auf das femininum, sowie vom Nomen gentile auf das proprium sich zu Schulden kommen lassen, sondern auch ohne geschichtliche Grundlage zugleich mit dem Weibe den unausbleiblichen Amor in die Bildfläche hereingetragen. Halten wir sachlich am Uebergange zum Genus femininum fest, und legen wir sprachlich die spätere Namensform Madjan zu Grunde, welcher wir den Artikel vorsetzen, so erhalten wir das weibliche Gentile „Hammadjanîth“ als wahrscheinliche Grundform für die mythischen „Ἀμαζονίδ-ες, jenem streitbaren Frauenvolke am Pontos, auf welches die Argonauten gleichfalls gestossen, ein Geschlecht, welches seine ganze Kunde und Geschichte lediglich verunglückten etymologischen Zwangs-Ableitungen zuschreiben mag.

Merkwürdigerweise führen die übrigen Abenteuer der weiten Fahrt augenscheinlich auf den ersten Anbeginn des Auszuges aus Aegypten zurück.

So verdanken die mythischen Συμπληγάδες (Συνδρομάδες, Σύνοδοι), gleich den Πλαγκταί Homers ihren Ursprung sicherlich der Erinnerung an den bekannten Durchzug durch das rote Meer. Vor den Israeliten teilt sich die Flut, so dass sie trockenen Fusses hindurch ziehen konnten: „erat enim aqua quasi murus a dextera eorum et laeva“ (Ex. 14, 22.) Als aber die Aegypter eingedrungen waren und Moyshês seine Hände nach dem Meere ausbreitete, schlugen die Fluten über dem gesamten Feindesheere hinwiederum zusammen. Aus diesem einmaligen Zurücktreten und Zusammenschlagen der Brandung hat sich die Sage leicht genug ihre stetigen Prall-Felsen bilden können. Nicht ferne liegt der Gedanke, dass das Erfordernis von solchen Schlagfelsen für die ganze Richtung des mythischen Zuges nach dem Hellesponte ausschlaggebend gewesen sein mag, da ausser der Strasse von Messana, welche Homer für seine Πλαγκταί in Anspruch genommen, in der Umgebung von Hellas ein zweiter Bosporus nicht existiert.

Die Ἅρπυιαι als die „Raffenden“ haben von je her ein wahres Kreuz für die Etymologen gebildet, welche dieselben bald Hunde, bald Vögel, bald Stürme, bald Todesgöttinnen nannten. Vermutlich aber liegt ihrer Sage die Erinnerung an die Heuschreckenplage in Aegypten zu Grunde. Denn einerseits nennt der Hebräer die Heuschrecke Arbêh, andererseits entspricht die Plage des erblindeten (man denke an die dreitägige ägyptische Finsternis) Königs Phineus zu Salmydessos, welchem die Ἅρπυιαι die gesamten Speisen teils wegfressen, teils verunreinigen und verwüsten, genau dem Berichte der Bibel: „Vastantes omnia, devorantes herbam terrae, nihilque omnino virens relictum est in cuncta Aegypto. (Ex. 10, 15.)

Wenn übrigens Diodor (4, 44) berichtet, Herakles habe den König Phineus erschlagen und seine Burg erobert, so mag es nahe liegen, an Gedeon's Zerbrechen des Turmes Phenuêl am Jabbok (heute Wadi Zerka) zu denken nach der biblischen Darstellung: „Turrim quoque Phanuel subvertit occisis habitatoribus civitatis.“ (Jud. 8, 17.)

Weiter komme ich auf den kleinen Absyrtos zu sprechen, durch dessen Tod Μήδεια den verfolgenden Vater Aietes aufzuhalten wusste. Bekanntlich liessen die Aegypter erst, nachdem die schwerste aller Plagen, der Verlust ihrer Erstgeborenen, über sie gekommen, die Israeliten aus dem Lande ziehen: „Surgite et egredimini a populo meo!“ (Ex. 12, 31.) Das Entkommen ward also ermöglicht durch das Opfer der Kleinen, eine Deutung, welche durch die Wortvergleichung unterstützt wird, indem der Hebräer die Erstgeburt „Habbechôr“ nennt, woraus der Hellene seinen gedrängteren Absyr-tos leicht gebildet haben mag.

Was schliesslich den schlaflosen Drachen anbetrifft, welcher das Vliess im Haine des Ares zu bewachen hatte, so führe ich den Ursprung aller und jeder Drachensage auf den Bericht der Genesis zurück: „Et collocavit ante paradisum voluptatis Cherub-îm et flammeum gladium atque versatilem (rastlos flammend, siehe oben, Entzifferung der Sage) ad custodiendam viam ligni vitae.“ (Gen. 3, 24.)

Etymologisch verbinde ich mit Cherûb, dem Wache haltenden Engel des Herrn:

1. Chnub-i (Anubi), den Leibwächter des Usiri, (mit Schakals-Kopf);

2. γρύψ, den Wächter des nordischen und des indischen Goldes, (Löwe mit Adlerkopf);

3. Kérb-eros (Zurückziehung des Accentes), den Wächter im Totenreiche.

Psychologisch aufgefasst musste schon die Unnahbarkeit des wundersamen Wächters des Herrn dazu genügen, um die Ueberlieferung zur Vorstellung von geheimnisvoll drohenden und daher monströsen Wesen zu führen.

Nur vorübergehend weise ich darauf hin, dass zwischen der Hesiod'schen Darstellung des Drachens Typhoeus (Theog. 830) und den symbolischen Cherubim Ezechiels (41) eine merkwürdige Aehnlichkeit zu Tage tritt.

Dass Herakles, als der Israelite κατ' ἐξοχήν, als der mythische Repräsentant des gesamten heldenhaften Volkes, unter die Argonauten gerechnet und teilweise für den Anführer gehalten worden, (Diod. 4, 41) lässt sich leicht erklären. Wenn wir aber bedenken, dass die älteste Sage die boeotischen und thessalischen Minyer (s. Tritogeneia) als die wahren Argonauten von den dorischen und jonischen Heroen absondert, eine mythische Scheidung, welche vermutlich an das historische Vorgehen Gedeon's erinnert, da er auf das Gebot des Herrn aus einem Heere von zweiundzwanzig, beziehungsweise zehn Tausend Mann das resoluteste Dreihundert zum Kampfe gegen Midjan auserwählte, (— eine weitere Auswahl der Tüchtigsten aus der Zahl derjenigen, welche sich zur Argonautenfahrt drängten, überliefert Diodor 4, 41 —) so kann es uns um so weniger befremden, dass die aeolischen Argonauten den dorischen Anherrn schon in Mysien zurückgelassen, allerdings zunächst, um ihm Gelegenheit zu geben, seinen geliebten Hylas, welchen er zum Wasserholen ausgeschickt, den mysischen Quell-Nymphen, welche denselben an sich gelockt, hinwiederum zu entreissen.

Dementsprechend muss auch die Aufnahme des jonischen **Theseus** unter die Argonauten und insbesondere seine Teilnahme am Zuge gegen die Ἀμαζονίδες (Hammadjanîth) als Sagenverquickung aufgefasst werden. Ja sogar die berühmte Fahrt des Theseus nach Kreta mag nur als eine jonische Nachbildung der aeolischen Argonautensage gelten, wenngleich selbstverständlich das historische Prototyp des Theseus älter gewesen als dasjenige Jason's.

Ist ja doch eine geschichtliche Spur für Theseus in ganz anderen Sagenkreisen — und dort noch mühsam genug — zu gewinnen. Indes beginnen wir mit seiner Jugendzeit.

Die Sage kennt gleichsam eine offizielle Berufung des Theseus zu all jenen Heldenthaten, welche ihm den Ruhm eines zweiten Herakles eintragen sollten. (Relief in der Villa Albani zu Rom.) Nachdem er nämlich zum kräftigen Jüngling herangewachsen und dem Apollon zu Delphi sein Haupthaar zum Opfer gebracht, geleitete ihn Mutter Aithra aus Troizen an jene denkwürdige Stätte, da Vater Aigeus ehedem Schuhe und Schwert unter einem mächtigen Felsblocke geborgen hatte. Sollte ja das Heben der Riesenlast zur Probe seiner Heldenkraft dienen.

Gehen wir über zum entsprechenden biblischen Bericht. Jeshûagh (Ἰησοῦς, Θησεύς) wird durch den Engel des Herrn dazu berufen, jene herrliche Stadt, auf welcher das brechende Auge seines grossen Vorgängers geruht, nämlich Jericho und seine rüstigen Mannen zu überwältigen. Der Bote Gottes war erschienen auf dem Anger vor der Stadt, trug ein gezücktes Schwert und forderte Jeshûagh auf, seine Schuhe auszuziehen, genau nach dem Vorgange des Moyshês auf Chorêb. (Ex. 3, 5. Terra sancta!)

Bedenken wir, dass mit der Länge der Zeit die Ueberlieferung verblasst und zuletzt nur gewisse unvermittelte Hauptbegriffe haften bleiben, so kann es uns keineswegs befremden, dass die Sage aus dem Anger vor der Stadt, dem gezückten Schwerte des Engels und den ausgezogenen Schuhen des Jeshûagh sich ihren Felsblock am Heerwege nach Athen und des Vaters Schwert und Schuhe, hinterlassen für den mündigen Sohn, herausgebildet hat. Gerade durch ihr scheinbar willkürliches

Verfahren mit unvermittelt überlieferten Hauptbegriffen präsentiert sich uns die Volks-Sagenbildung in ihrem ureigensten Elemente.

Anderseits bildet eben die Dunkelheit und Verwirrung der Theseus-Sage, welche um Jahrhunderte älter sein musste als beispielshalber der klare Apollon-Mythus, einen direkten Beweis für meine anderwärts genugsam bestätigte Annahme, dass die Hochflut der Ueberlieferung aus Israel nach Hellas sich auf die Zeit unmittelbar vor und nach Vater David konzentriert hat.

Die Abenteuer des Theseus auf dem Wege von Troizen nach Athen repräsentieren augenscheinlich eine Nachbildung herakleischer Fahrten im kleinen, während die im angehenden Mannesalter bewerkstelligte erstmalige Sendung des Helden in seine zuständige Heimat offenbar auf die geschichtliche Thatsache hinweist, dass Jeshûagh als Führer der Kundschafter von Moyshês nach dem künftigen Heimatlande entboten worden.

Ein dunkler delphischer Orakelspruch (Plut. Thes. 3), welcher sich auf die Ankunft in der Heimat bezieht, durch die Ueberlieferung jedoch vom Sohne auf den Vater übertragen worden ist, erhält durch die Vergleichung mit dem biblischen Berichte (Jos. 5, 2—11, Beschneidung zu Gilgâl) seine überraschendste Aufklärung.

Bei Plutarch (29) lesen wir weiter, dass Theseus durch Entführung der sagenbekannten Helena sein attisches Land in einen schweren Krieg gestürzt hatte. Dieser unbeachtete Sagenzug, auf welchen ich ganz besonders hinweise, ist die einzige mythische Spur, welche unseren Theseus in eine wenn auch noch so entfernte Verbindung mit jenem nationalen Unternehmen bringt, welches wir den trojanischen Krieg nennen; und wenn die Ueberlieferung sich nicht zersplittert oder verzweigt hätte, müsste die Zerstörung Iliums als Ruhmesthat auf dem Schilde des Theseus prangen.

Wer aber ist ihm in die Quere gekommen? Niemand

anders, als sein Doppelgänger Odysseus, welchen Homer schlechthin den Zerstörer Troja's nennt. (Od. 1, 2.)

Gehen wir aus von der Vergleichung der Namensbezeichnungen. Während ich nämlich von der späteren zweisilbigen Namensform Josua's: „Jeshûagh (gr. Ἰησοῦς)“ die Stufe Θησεύς ableite, stelle ich der älteren dreisilbigen Form: „Jehoshûagh“ die Stufe Ὀδυσσεύς gegenüber, welche merkwürdigerweise sich wenig genug von der zweisilbigen Stufe Θησεύς entfernt hat. (Identität des Schallwertes.) Bekanntlich trägt die Etymologie, welche Homer vom Namen seines Helden giebt (Od. 1, 62; 19, 407) das Gepräge des Zwanges und Zweifels an der Stirne. Anderseits erkenne ich in der doppelten Thatsache, dass der historische Josua erstens die Wälle der Palmenstadt nicht durch Waffengewalt bezwungen, sondern gleichsam durch ein ideales Kunst-Mittel überrumpelt und zweitens bald darauf die Königs-Stadt Ghaj durch die List des Hinterhaltes und der Scheinflucht gewonnen hat, den historisch-notorischen Anlass für das erste Haupt-Attribut des mythischen Odysseus (πολύμητις), während die weitere Thatsache, dass Josua von den Fluten des Nil bis zu den Wassern des Jordan alle Mühsale, Hemmnisse und Abenteuer der endlosen Wüstenfahrt mit heldenhaftem Mute bestanden, das zweite Haupt-Attribut des mythischen Odysseus (πολύτλας) historisch notorisch begründet.

Frage: Wo bietet die Völkergeschichte eine gleichgünstige Handhabe, mit zwei Strichen den Grundriss der Odyssee zu zeichnen?

Doch kehren wir zurück zur Trojanischen Frage. Ob, wann und wo die historischen Hellenen eine Stadt Namens Troja zerstört haben, ist für unsere Zwecke völlig belanglos; uns genügt es, zwischen dem biblischen Bericht über den Sturz Jericho's und der mythischen Ueberlieferung über den Untergang Troja's die Parallele zu ziehen.

1. Die Entscheidung steht nicht bei der Waffe, sondern beim Zeichen der Gottheit. Vom Besitze

des Palladiums nämlich musste der Erfolg abhängig bleiben. Augenscheinlich aber hatte die Ueberlieferung das Trutz-Palladium der Belagerer umgestaltet zum Schutz-Zeichen der Belagerten. Demnach bildete, nachdem das Andenken und der Begriff der israelitischen Bundeslade den Hellenen abhanden gekommen, das Schutz-Palladium der Troer den ersten, dessen Raub durch Odysseus und Diomedes den zweiten und nach dem Verluste desselben das plumpe Ersatz-Palladium des kinderhaften hölzernen Pferdes den dritten Not-Behelf der Sage. Schon der Umstand, dass die Ueberlieferung von zwei Palladien (in Troja) zu berichten weiss, bestätigt meine Unterscheidung zwischen einem Trutz-Palladium und einem Schutz-Zeichen.

Wenn ferner in der Ilias die Himmlischen vom Olymp herabsteigen, um sich am Kampfe direkt zu beteiligen, und wenn eine indirekte Einmischung der verschiedensten Gottheiten sich durch das ganze Epos hindurchzieht, so mögen wir hierin die poetische Bestätigung unserer These erblicken, dass die Entscheidung nicht bei der Waffe, sondern beim Zeichen der Gottheit steht.

2. Die lange Dauer der aussichtslosen Vorarbeit steht in keinem entsprechenden Verhältnisse zur Ur-Plötzlichkeit des endlichen Erfolges. All die Jahre nämlich, da die mächtigen Hellenen vor den Thoren Troja's gelegen, haben als die mythischen Auswüchse jener sechs Tage zu gelten, während welcher die Israeliten ihr wahres Palladium erfolglos um die Wälle der Palmenstadt getragen haben.

3. Eine hervorragende Rolle beim ganzen Unternehmen spielt eine buhlende Frau: in Jericho die dienstfertige Rachab (mulier meretrix, Jos. 2, 1), welche die Kundschafter Josua's vor dem Tode bewahrte und deshalb zum Danke allein (mit ihrer Familie) aus allen Bewohnern der unglücklichen Stadt gerettet worden, in Troja die leichtsinnige (Il. 3, 139 ff., 171 ff.) Helena, um deretwillen allein über all die Troer und Hellenen so viel Unheil gekommen. Hier

erblicken wir hinwiederum die Volks-Sagenbildung in ihrem ureigensten Elemente. „Sie ist an allem schuld“, musste das Leitmotiv gelautet haben, welches die Hellenen irrtümlich an einer eigenen Landestochter zur Geltung zu bringen wussten.

4. Der Wiederaufbau der Stadt kommt zur Sprache. Der Fluch Josua's, ausgesprochen am Tage seines Sieges über den künftigen Wiedererbauer der Stadt (Jos. 6, 26) sollte in Erfüllung gehen: „Hiel de Bethel fundavit Jericho in Abiram, primitivo suo, et in Segub, novissimo suo, posuit portas ejus“. (3 Kön. 16, 34.)

Troja dagegen war nach der Ueberlieferung das erste Mal unter dem wortbrüchigen König Laomedon zerstört worden und zwar durch Herakles, der Wiederaufbau aber hatte stattgefunden unter Priamus und Hekuba. Diese Gegenüberstellung mag geradezu verblüffend erscheinen, so bedenklich sie immerhin genannt werden muss und zwar von chronologischem (500 Jahre Unterschied), inhaltlichem (gänzliches Missverständnis) und sprachvergleichendem (Segub-Hekuba Geschlechtsverwechslung) Standpunkte aus.

Uebrigens würden wir den von Josua dem Wieder-Erbauer angedrohten Verlust des ältesten und jüngsten Sohnes in der Ueberlieferung bestätigt finden, da Hektor und Troilus durch die Hand des Achilles zu Falle kommen.

Allbekannt ist des Theseus Freundschaft mit Peirithoos, welche wir gleichfalls in der Bibel wiederfinden sollen.

Begeben wir uns an die erste Lagerstätte des israelitischen Volkes im gelobten Lande, zu Jeshûagh nach Gilgâl unweit Jericho. Fünfundvierzig lange Jahre waren verflossen seit der Auskundschaftung des gelobten Landes. All die Zeit war Chalêb dem auserwählten Jeshûagh treu zur Seite gestanden, er allein vom alten Geschlechte, und heute im Alter von fünfundachtzig Jahren erbittet er als Lohn der Freundschaft die Stadt Chebrôn, sie zu nehmen samt ihren Riesensöhnen, deren Wege er schon als Kundschafter gekreuzt hatte. Konnte er sich doch als Fünfundachtziger noch seiner vollen Stärke rühmen: „Sic valens, ut eo valebam tempore, quando ad explorandum missus sum; illius in me temporis fortitudo usque hodie perseverat, tam ad bellandum quam ad gradiendum“. Also ein tüchtiger Läufer vor dem Herrn war Chalêb gewesen, ganz entsprechend der Namensbezeichnung unseres Theseus-Freundes Peirithoos, welche nichts anderes bekundet als die mythische Erinnerung an den im schnellen Laufe erprobten historischen Kundschafter.

Es ist schon oben (Entzifferung der Sage) nachdrucksvoll betont worden, dass die Freundschaft zwischen Jeshûagh und Chalêb schon aus dem Grunde historisch-notorisch genannt werden muss, weil sie beide die einzigen gewesen, welche nicht gemurrt gegen Moyshês und den Herrn, die einzigen vom alten Geschlechte, welche nicht dahingestorben in der Wüste, die einzigen, welche keine Epigonen waren. (Num. 26, 65.)

Und Chalêb erhielt den Auftrag, Chebrôn zu nehmen und Ghanâk's Riesensöhne zu vernichten. Es trug aber die uralte Stadt damals den Namen Kírjatharbagh nach ihrem mächtigsten Oberhaupte, dem Vater Ghanâk's, dem vierschrötigen Arbagh (quadratus). Aus diesem schwerfälligen Kompositum aber mögen die Hellenen ihre Κένταυροι gebildet haben, welche eben von Theseus und Peirithoos bei des letzteren Hochzeit besiegt wurden. Ihre monströse Rossgestalt aber (Relief des Apollo-Tempels zu Bassai in Arkadien) verdanken die mythischen Kentauren wohl einerseits der Erinnerung an die Riesengestalt der Kirjatharbaghiten, anderseits der etymologischen Verquickung mit κέντωρ, Rosse-Sporner.

Wenn die moderne Mythologie die griechischen Kentauren auf die indischen Gandhárwen zurückführt, so würde eine solche Gleichstellung unsere Ableitung der Κένταυροι von Kírjatharbagh sprachlich merkwürdig bestätigen; halten wir aber sachlich an dem wahren Begriff von Gandhárva fest als einem himmelbewohnenden Genius, welcher Musik betreibt, so bleibt jede Beziehung zu unserem Sagenkreise ausgeschlossen.

Indes auch mit dem älteren Begriff eines vedischen Soma-Wächters ist kaum etwas anzufangen.

Dass übrigens die Einnahme Chebrôns durch Chalêb in der Erinnerung der Nachwelt haften blieb, hat seine triftigen Gründe. Erklären doch die biblischen Berichte Chebrôn, die spätere Priester-Stadt, für einen der denkwürdigsten Punkte der Urgeschichte (Adam, Noah), während Hieronymus nachdrucksvoll betont, dass sie ehedem das Hauptbollwerk der riesenhaften Philister gewesen.

Doch selbst die mythische Hochzeit soll uns nicht fehlen, wenngleich unter anderen Verhältnissen. Es folgt nämlich unmittelbar nach dem Bericht von der Einnahme Chebrôn's das Anerbieten Chalêb's: „Qui percusserit Kirjathsêpher (die Nachbarstadt von Kirjatharbagh, vermutlich das spätere Dilbeh, zwei Stunden südöstlich von Chebrôn gelegen) et ceperit eam, dabo ei Axam filiam meam uxorem". (Jos. 15, 16.) Und der glückliche Sieger und Bräutigam war Chalêb's jüngerer Bruder Ghothniêl: also immerhin eine Hochzeit in direkter Verbindung mit einem Siege über Riesenfeinde.

Indes kehren wir zurück zur Freundschaft des Jeshûagh und Chalêb, welche noch eine zweite mythische Blüte treiben sollte.

Die Frage, weshalb Ἀχιλλεύς, der mächtigste Schirm der Achäer vor Troja, der erklärte Held der Ilias, vom Dichter nicht dazu berufen worden, den Sturz der hl. Feste auf seinen Schild zu schreiben, habe ich je weder aufwerfen noch beantworten hören. Treten wir in die Erörterung ein mit der neuen Frage: „Welches sind die positiven Leistungen des Achilleus vor Troja?" Wir antworten:

1. Achilleus zerstört zwölf Städte an der Küste und elf Städte des Binnenlandes. (Il. 9, 328/29.)

2. Achilleus sühnt den Tod seines erklärten, einzigen Freundes Patroklos.

Diese Doppelantwort hat in mir unwillkürlich die Erinnerung an den biblischen Bericht wachgerufen, dass Chalêb den

Sturm auf die wichtigste Feindes-Stadt Jericho dem Freunde und Führer Jeshûagh überlässt und sich selbst mit der Bekämpfung von Neben-Städten befasst, eine Thatsache, welche mich zu berechtigen schien, nach weiteren Spuren für eine Vermittlung Chalêb-Achilleús zu forschen:

1. Die rätselhafte Achilles-Ferse, welche die nachhomerische Sage kinderhaft genug durch den Hinweis zu erklären sucht, dass Mutter Thetis den Sohn unverwundbar gemacht durch Eintauchen in die Styx, wobei sie das Kind an der unbenetzten Ferse festgehalten, sowie der rätselhafte Fersen-Ring an der Achilleus-Statue (Villa Borghese, später in Paris) finden die überraschendste Aufklärung, wenn Achilleus sich als Doppelgänger des Peirithoos erweist (fortitudo ad gradiendum). Der Merkwürdigkeit halber füge ich hier bei, dass die Tochter Chalêb's, des historischen Prototypes für den mythischen Peirithoos, den Namen „Fuss-Spange" getragen. (Ghachsâh, Axa.)

2. An die Person des Achilleus knüpfen sich die folgenden urwesentlichen Züge aus der Geschichte Chalêb's: a. die notorische Freundschaft; b. die lange Lebensdauer und die frische Thatkraft, welche Himmelsgaben beim historischen Chalêb mit einander vereinigt, beim mythischen Achilleus aber wahlweise ausgeschlossen erscheinen; c. die auffällige Hochzeit, welche bei Achilleus auf den Vater (Kentaur Cheiron stiftet die schwere peliadische Lanze), bei Peirithoos auf den Helden selbst übertragen worden (die Kentauren werden geschlagen), beim historischen Chalêb aber sich auf die Tochter des Helden bezieht (die Genossen der Kirjatharbaghiten werden geschlagen); d. die buhlende Frau aus der eroberten Feindes-Stadt, die eigentliche treibende Kraft der ganzen Ilias, des Priesters Brises Tochter Hippodameia (den gleichen Namen führt die Gemahlin des Peirithoos) aus Lyrnessos, deren historisches Prototyp allerdings aus der Geschichte Josua's (nicht Chalêbs) entnommen ist.

3. Die Namensvergleichung. Setzen wir vor Chalêb den hebr. Artikel, so steht die Vermittlung Hachchalêb-

Ἀχιλλεύς keiner einzigen der überlieferten etymologischen Zwangsdeutungen des Namens Achilleus an Wahrscheinlichkeit irgendwie nach.

Somit sind durchaus schätzenswerte Anhaltspunkte vorhanden, den mythischen Achilleus als Doppelgänger des Peirithoos auf den historischen Chalêb zurückzuführen, gleichwie den mythischen Odysseus als Doppelgänger des Theseus auf den historischen Jehoshûagh.

Und es kann uns keineswegs befremden, die beiden letzten reckenhaften Altväter Israels, welche mit der Kraft ihres Gottes denselben mächtigen Völkerring Kanaan's gesprengt und vernichtet haben, an dessen Widerstand selbst die Wucht der gefürchteten Pharaonen sich gebrochen, verherrlicht zu sehen in jenem hellenischen Doppel-Meisterwerke, vor dessen Hoch-Flagge die gesamte Welt-Litteratur all ihre Segel streichen muss.

Doch anderseits welch ein beschämender und niederschlagender Gedanke, dass die Begeisterung der Heidenwelt es verstanden, die Schattenbilder jener Gottes-Helden durch all die Jahrtausende in frischester Erinnerung zu erhalten, deren wirkliches Andenken die Christenwelt verkümmern liess.

Zum Abschlusse unserer Theseus-Ermittelungen sei darauf hingewiesen, dass die Sage ihren Helden zum Begründer des athenischen Staatswesens gestaltet hat. (Heran ihr Völker all!) War doch der biblische Jeshûagh der erste Diener und Nachfolger desjenigen gewesen, welcher den eigentlichen Grund gelegt hat zúr ganzen Herrlichkeit Israels.

Nomen et omen! Bei Plutarch (Thes. 29) findet sich die Angabe, dass zur Zeit des Theseus kein Unternehmen der Hellenen von irgend welcher Bedeutung ausgeführt worden ohne den Beistand des attischen Anherrn, was der Volksmund im Sprüchworte beglaubigte: „Nichts ohne Theseus!"

Scheuen wir uns nicht, dem negativen Wahlspruche des Heidenvolkes die positive Parole des Christentums in ihrer idealsten Verklärung gegenüber zu stellen: „Alles mit Ἰησοῦς!" (Jeshûagh-Ἰησοῦς-Θησεύς.)

IV. Herakles.

Nachdem die Völkersage nahezu die gesamten Länder der alten Welt zum Schauplatze der Ruhmes-Thaten des griechischen National-Helden gestempelt hatte, konnte es an und für sich ungemein schwierig bleiben, von den mythischen Berichten selbst ausgehend auf eine historische Grundlage zu gelangen.

Indes gewisse charakteristische Abzeichen und zwar vor allem die Löwenhaut und die Keule, zumal in Vereinigung mit der personifizierten Leibes-Stärke, mussten gleichsam von selbst auf die biblische Persönlichkeit Simson's führen.

Im Buche der Richter lesen wir nämlich, dass Shimshôn eines Tages aus seiner Heimat, dem danitischen Zorghâh (heute Zara, 6 St. westl. v. Jerus.) thalabwärts nach dem grenznachbarlichen Thimnah (Tibneh) sich begab, woselbst eine der philistäischen Töchter sein Wohlgefallen gefunden. In den Weinbergen vor der Stadt begegnete ihm ein wilder, brüllender Leu. Ueber Shimshôn aber kam der Geist Gottes, und ohne jegliche Waffe reisst er gleich einem Böcklein den Löwen in Stücke. (Jud. 14, 1—6). Einen näheren Anhaltspunkt bietet der Löwen-Rachen, welcher nach der Sage unversehrt als Helm benützt worden, nach dem biblischen Bericht aber dadurch in den Vordergrund getreten war, dass Shimshôn nach einigen Tagen im Rachen seines Löwen einen Bienenschwarm vorgefunden, dessen Honig ihm zu dem Rätsel Veranlassung gegeben: „De comedente exivit cibus et de forti egressa est dulcedo“. (Jud. 14, 14.)

Als bald nachher die Tochter Thimnah's durch ihren Vater ohne Vorwissen Shimshôn's einem einheimischen Freunde gegeben worden, sollte dessen Rache nicht lange auf sich warten lassen. Der verschmähte Eidam ging nämlich hin, fing dreihundert Füchse ein, band den Schweif des einen an den Schweif des anderen und befestigte daran die Fackeln. Während aber die armen Tiere sich durch das Gelände zerrten und die Saaten, Weinberge und Gärten der feindlichen Philister verheerten, flüchtete sich Shimshôn in die Fels-Höhle Ghejtâm (die heutigen Ruinen Cherbet Boko, südlich von Bethlehem). Das Heer der Philister folgte seiner Spur, und die bedrohten Landesbewohner Juda's waren bereit, den Schuldigen gefesselt dem Feinde auszuliefern. Doch angesichts seiner Bedränger ward Shimshôn vom Geiste Gottes erfüllt: mit seiner Riesen-Kraft sprengt er leicht die hemmenden Bande, ergreift den (frischen) Eselskinnbacken, welcher gerade zur Stelle lag, und erschlägt tausend Mannen der Philister. Der Kampfplatz aber hiess von Stunde an Kinnbacken-Höhe (Râmath-Lechî, heute Ghain-el-lechî, Kinnbacken-Brunnen, nordwestl. v. Bethlehem).

Es kann sich hier nicht darum handeln, etwa zu untersuchen, ob der (frische) Eselskinnbacken an sich eine Waffe bilden mag, aus welcher die Sage mit Recht die gefürchtete Keule des Herakles hergeleitet, sondern nur darum, auf die Thatsache hinzuweisen, dass nach dem biblischen Bericht die Kinnlade ein ausserordentliches, historisch-notorisches Werkzeug des Siegers gewesen, welches in der Folge für die Ueberlieferung in den Vordergrund treten musste.

Weiter führten die beiden Säulen des Herakles ohne weiteres auf Shimshôn hin. Im benachbarten Sorêk (heute die Ruinen von Surîk, $^{3}/_{4}$ St. westl. vom obigen Zara) von der Feindes-Tochter Delîlah (siehe unten) schmählich verraten, ward der Mächtige geblendet, in Ketten geschlagen und zu Gházzâh (Gaza) in den Kerker geworfen. Mittlerweile waren die abgeschnittenen Haare nachgewachsen und des Helden Kraft zurückgekehrt. Am Siegesfeste im Tempel des Nationalgottes Dagon (Fisch) sollte das Todes-Opfer den schwelgenden Gästen zur letzten Augenweide dienen: alle Fürsten, Mannen und Frauen der Philister, gegen dreitausend an Zahl, waren gegenwärtig. Der geblendete Shimshôn aber, welcher in Gházzâh nicht unbekannt war (Jud. 16, 1) und sich daher durch den geleitenden Knaben zwischen zwei mächtige Pfeiler führen liess, angeblich um anlehnend zu ruhen, rief zu seinem Gotte, erfasste die eine der Säulen mit der Linken, die andere mit der Rechten, und unter dem Rufe: „Moriatur anima mea cum Philisthiim“ riss er das Säulenpaar ein und begrub so im eigenen Tode unter den Trümmern des Tempels noch mehr der Feinde, als er zu Lebzeiten bezwungen. (Jud. 16, 21—31.)

Nunmehr lag es nahe genug, die Persönlichkeit Simsons näher in's Auge zu fassen Shimshôn war zwanzig Jahre Richter in Israel und bekämpfte bis zu seinem Tode die Philister, welche sein Volk schon zwei Decennien vorher schmählich geknechtet hatten.

Das hebr. Nomen gentile Pelishthî erinnerte mich ohne weiteres an Εὐρυσθεύς (Identität des Schallwertes) aus Mykenai, und die Arbeiten des feindlich gesinnten königlichen Vetters schienen mir nichts anderes als die mythischen Erinnerungen an die fortwährenden Kämpfe Shimshôn's gegen den nationalen Feind, den Philister.

Weitere Anhaltspunkte wollten sich nur mit Mühe gewinnen lassen. Wenn die Sage von Machtverheissungen Jupiters schon vor der Geburt des Helden zu berichten weiss, oder wenn nach der Darstellung des Sophisten Prodikos Herakles in früher Jugend auf Kithäron's Höhen am Scheidewege seines Lebens gestanden, um sich der Tugend zu verpflichten, so stelle ich die Worte des Engels gegenüber, gerichtet an die Mutter längst vor der Geburt des wunderbaren Kindes: „Vinum et siceram non bibet, erit enim nazaraeus Dei ex matris utero et ipse incipiet liberare Israel de manu Philisthinorum“. (Jud. 13, 5 und 14.) Wird doch Shimshôn hier im voraus zum Gottgeweihten (Tugendpfad) erklärt, welcher berufen ist, die Macht des Philisters (Eurystheus) zu brechen.

Eine weitere Stütze schien mir der Tod des mythischen Helden zu bieten. Herakles war bereits mit Dejanira aus Kalydon vermählt, da er als Sieger über die Söhne des Königs Eurytos aus Oechalia Ansprüche auf die Tochter Jole sich erworben, welche er schliesslich mit Gewalt entführte, nachdem er den Vater und die Brüder erschlagen. Dejanira indes hatte von dem sterbenden Kentauren Nessus, welcher sein sündhaftes Verlangen nach der Gemahlin des Helden unter dessen Keulenschlägen im Tode gebüsst, jenen vergifteten Schleier erhalten, welcher angeblich der verschmähten Gattin die frühere Liebe zurückgewinnen sollte, in der That aber zum schmerzhaften Tode des Herakles auf dem Scheiterhaufen zu Trachis führte. So hatte Dejanira, wenngleich unverschuldet und unbewusst — doch unmittelbar den Tod ihres mächtigen Gatten herbeigeführt.

Ziehen wir die Parallele aus der biblischen Geschichte. Delîlah aus Sorêk (siehe oben), die hinterlistige Tochter des nationalen Feindes, hatte nicht geruht, bis sie dem gewaltigen Israeliten das Geheimnis seiner Stärke entlockte: „Si rasum fuerit caput meum (Bruch des Gottes-Gelübdes), recedet a me fortitudo mea“. (Jud. 16, 17.) Und während er schlief, liess sie den Haar-Scherer kommen, um den bitter enttäuschten Helden an seine Todfeinde auszuliefern.

Demnach scheint die mythische Dejanîra der Schatten der historischen Delîlah zu sein, aus einer verschmitzten nationalen Feindin und heuchlerischen Buhlerin durch die Sage idealisiert zur ängstlich besorgten, treu liebenden Gattin.

Nach der Ueberlieferung gilt Herakles als der Sohn des Zeus und der Alkmene. Die Vaterschaft des Zeus im weiteren Sinne aber bedeutet die bevorzugte Zugehörigkeit zum auserwählten Volke Vater Davids (siehe unten, Zeus). Anderseits nannte sich Shimshôn's Vater nach dem Berichte der Bibel „Mânoach“, eine Namensform, welche durch die Abschleifung der Gutturalis (Septuag. Μανωέ) leicht weiblichen Klang gewinnen (siehe Midjan, Argonauten) und die Ueberlieferung verleiten konnte, den Namen des Vaters auf die Mutter zu übertragen, so dass Ἀλκμήνη (al gleich hal, der ältesten Form des hebräischen Artikels), die gefeierte Stammes-Mutter all der Herakliden, geschichtlich den Vater Shimshôns repräsentierte.

In Anbetracht des Herakleischen Welt-Rufes mussten die bis dahin gewonnenen Resultate immerhin ärmlich genannt werden, während anderseits der Gedanke nahe lag, dass die Bedeutung Shimshôn's für die nationale Entwicklung Israels zur Allgewalt des mythischen Herakles überhaupt in keinem entsprechenden Verhältnisse stehen konnte.

An eine Namensvergleichung Shimshôn - Herakles war vollends nicht zu denken; wohl aber warf sich mir die Frage auf, ob die Thatsache, dass nicht nur im allgemeinen die Geschichte von dorischen, makedonischen, lydischen und selbst römischen (Geschlecht der Fabier) Herakliden berichtet, sondern auch im besonderen beispielshalber Varro dreiundzwanzig Doppelgänger des wahren Herakles kennt, wie Cicero fünf und Lydus sechs, nicht die Behauptung rechtfertigt, dass Herakles von Hause aus überhaupt kein Nomen proprium, sondern ein gentile ist.

Und in der That erkläre ich Ἡρακλῆς sprachlich für identisch mit Jisreelî. (Israëlita). Gehen wir nämlich von der Grundform Jisraêl aus, beanspruchen wir weiter für Aleph seinen Guttural-Wert (Aleph wechselt bekanntlich nicht nur mit He, sondern auch mit Ghajin) und lassen wir schliesslich dem Hellenen sein Recht, das Gentile nicht nach den Vokal-Gesetzen der hebräischen Sprache zu bilden, sondern den unversehrten Stamm der Grundform sich zu wahren, so erhalten wir das hypothetische Gentile Jisrachelî und an zweiter Stelle Jisrachlî (Synkope), welches durch Aspiration und Angleichung sich zur überlieferten Form Ἡρακλῆς vereinfacht hat. Oder hat nicht der Jung-Grieche, um zu seiner Namensform Ἰσραηλεῖται (Septuag.) zu kommen, denselben Weg eingeschlagen, welchen wir für unsere Ἡρακλεῖδαι beanspruchen, mit dem einzigen Unterschiede, dass zu seiner Zeit der Guttural-Wert des Aleph in Vergessenheit gekommen war?

Wenn demnach die Ueberlieferung ihren Shimshôn schlechthin „den Israeliten“ nannte, so hat sie nicht nur denselben hierdurch gleichsam als das Werkzeug und den Diener seines Volkes und Gottes legitimiert, sondern auch jene Erweiterung seines Namens angebahnt, welche zur wirklichen Identifizierung desselben mit seinem ganzen Volke führen sollte. (Volks-Repräsentant.)

Jetzt erst haben wir den vollen Ausblick auf die Allgewalt des Namens „Herakles“ gewonnen! All die heldenhaften Kämpfe Israels gegen seine zahlreichen Feinde, der ganze Siegeszug des auserwählten Volkes von den Ufern des Nil bis zu den Fluten des Jordan, all die Schrecknisse zu Wasser und zu Lande, das Ringen mit den riesenhaften Söhnen Ghanâk's (Kentauren) und Râphah's (Giganten), all die Burgen und Städte, welche in Asche gesunken, all die Könige und Fürsten, deren Scepter gebrochen worden: sie kennzeichnen die Pfade des Herakles. Der Ruf Israels eilte über Länder und Meere, das ferne Echo jedoch verkündigte die Herrlichkeit des Herakles. Die Kunde Shimshôn's ist nach Hesperien gedrungen, die Säulen des Herakles haben sie im Andenken bewahrt, und jenseits der Pyrenäen bezeugen die Dolmen des Ogmius nichts anderes als den alten Ruhm unseres Heldenvolkes im Munde der Kelten.

Einer späteren Zeit mag es vorbehalten bleiben, das Riesen-Material zu sichten, welches sich an den Namen unseres Herakles geknüpft hat, und so That für That den Zusammenhang von Sage und Geschichte aufzuklären. Während jedoch früher der Glaube an die Existenz eines wirklichen Prototypes für den hellenischen National-Helden kaum aufzukommen vermochte, soll es nunmehr weniger schwer fallen, ihn anzuerkennen als den wundersamen Repräsentanten all der Gotteskraft, welche das auserwählte Volk des Allerhöchsten ein halbes Jahrtausend hindurch an den Tag gelegt.

Neben dem Nachweise des Begriffes der Argonauten halte ich die Lösung der Herakles-Frage für die wichtigste und folgenschwerste aus der ganzen Hellenen-Sage, weshalb ich gerade den Hercules redivivus als den mythischen Abglanz der Heldengeschichte Israels mir zum Schmuck und Titel meiner schlichten Zeilen auserwählt habe.

V. Zeus.

Wie nahe hat es allezeit gelegen, zum Nachweise des höchsten Gottes der alten Welt den Jovis der Römer und folgerichtig den Zeus der Griechen zurückzuführen auf Jehôvah im alten Bunde, zumal die Priesterinnen Dodona's die hohe Weise zu singen pflegten: „Zeus war, Zeus ist und Zeus wird sein", ganz übereinstimmend mit den Worten der hl. Schrift „Sanctus Dominus Deus, qui erat et qui est et qui venturus est" (Apoc. 4, 8) auf Grund der Selbstbenennung Jahveh's: „Ego sum, qui sum" (Ex. 3, 14.)

Und dennoch können Zeus und Jahveh nie und nimmer identisch sein. Denn wenn nach der übereinstimmenden Tradition der Juden und Christen Jehôvah ein nomen ineffabile gewesen und geblieben, wie sollte der Klang des Namens über Land und Meer gedrungen sein?

Wenngleich auf dem Antlitze des höchsten Gottes nach der idealen Darstellung eines Pheidias die vollendete Hoheit und Würde ausgeprägt war, so bezeugt uns doch die Sage zur Genüge, auf welch schwachen Füssen der Olympier allzeit gestanden.

Ewig droht ihm der missliche Hader der eifersüchtigen Gattin und Schwester, der beleidigte Stolz des erderschütternden Bruders, die gewichtige Gegenrede der klügeren Tochter, die lauernde Schlinge der bethörenden Ate, ewig das unabänderliche Machtwort der selbstherrlichen Moira.

Und gerade die Schwächen des Vaters der Götter und Menschen sollen uns neben den charakteristischen Abzeichen dazu dienen, seinem historischen Prototyp auf die Spur zu kommen.

Zeus, der König der Könige (ὕπατος κρειόντων), herangewachsen auf idyllischer Waldestrift (Arkadien, Kreta) musste als erklärter Thronprätendent vor den Verfolgungen des missliebig gewordenen Vorgängers sich flüchten nach Aegypten und gelangte erst nach hartnäckigen Kämpfen zum Vollbesitze des olympischen Thrones, dessen Würde er schändete durch konsequente Verletzung der ehelichen Treue. Also idyllische Jugend, ringende Manneskraft, verzweifelte Landesflucht, erschütternde Kämpfe, der Sturz des Verfolgers, der Glanz des Thrones und schliesslich der Schandfleck des Ehebruchs.

Frage: Wird die gegebene Charakteristik Zug für Zug auf den biblischen „Vater David" passen? Bleiben wir die Antwort vorläufig schuldig, und beginnen wir die Parallele mit den charakteristischen Abzeichen und Attributen des Vaters der Götter und Menschen.

Das eigentliche Wahrzeichen des allmächtigen Vaters repräsentiert die gefürchtete Aegide (αἰγίοχος). Aus dem unheimlichen Quasten-Kranze des grauenvollen, unzerbrechlichen Gewitter-Schildes droht nach dem Berichte Homers (Il. 5, 740) der Streit und die Abwehr und die starre Verfolgung und die entsetzliche Gorgo.

Nach der biblischen Darstellung musste der jugendliche David vor dem königlichen Schwiegervater sich flüchten. Sein Haus in Gibghâh (heute Tell-el-Ful, 1 St. nördlich v. Jerus.) war bereits von den Trabanten Sauls umstellt; doch zur Nachtzeit lässt Michol ihren geängstigten Gatten durch das Fenster gleiten, und David entkam glücklich zum Propheten Samuel in Haramâthah (heute Er-Ram, 3 St. nördl. v. Jerus.). Um jedoch die zu erwartenden Boten des Königs durch das Vorgeben zu täuschen, David liege krank zu Bette, legte Michol eine bekleidete Statue auf dessen Lagerstatt und bedeckte deren Haupt mit einem zottigen Ziegenfelle (pellis pilosa caprarum), wobei sie von der richtigen Voraussetzung ausgegangen, das rot-blonde Haar Davids (erat autem rufus 1 Kön. 16, 12), für einen Orientalen an sich schon eine Merkwürdigkeit, hierdurch am besten nachahmen zu können.

Eine solch drollige Frauenlist zum Schutze (Abwehr) des Geliebten war durchaus dazu angethan, in die weitesten Kreise hinauszudringen und in der steten Erinnerung haften zu bleiben, so dass es vom psychologischen Standpunkte aus recht gut möglich war, dass die idealisierende Sage aus dem zottigen Ziegenfelle, welchem der gefährdete David gleichsam die Erhaltung seines Lebens verdankte, ihre mit hundert Troddeln versehene Aegide geschaffen als Waffe des Zeus zur Abwehr jeglicher Feinde.

An der Bedeutung Ziegenfell hat die Ueberlieferung teilweise selbst festgehalten, wenn sie berichtet, Zeus habe zum Titanen-Kampfe sich das Fell jener Ziege über seinen Schild gespannt, von deren Milch die Nymphen auf Kreta ihn ernährt hatten. (Ἀμάλθεια).

Das zweite Abzeichen des Zeus ist die Statuette der fliegenden Nike mit Palme und Kranz (Ζεὺς στράτιος, σωτήρ, Jupiter Stator.)

Wer erinnert sich hier nicht an die Siege Vater Davids, welcher sich aus seiner Leibwache (600 Mann) die Helden und Feldherren (37) selbst herangebildet, und dessen streitbare Krieger die Million weit überschritten (2 Kön. 24, 9.), über alle seine Feinde: Kenághan, Damménsek, Zôbah, Ghammôn, Moâb, Edôm und Ghamâlek, ganz besonders aber an die gewaltigen Kämpfe gegen Pelésheth, gleichsam ein fortwährendes Ringen, durch welches der wehrhafte König sein erstarktes Volk auf den Höhepunkt seiner Macht gebracht hatte? Erstreckte sich doch das Reich Israel vom roten Meere bis an das Stromgebiet des Euphrat.

Und seine Seele pries Gott den Herrn, dass er ihn zum Siege geführt über alle seine Feinde. (Cant. Dav. 2 Kön. 22, 1.)

Was wir bereits oben von Josua behauptet haben, dass die historische Anerkennung der Nachwelt durch die in der Sagengeschichte erstarrte Bewunderung die Mitwelt tief in den Schatten gestellt wird, gilt noch weit mehr von Vater David, welcher es verstanden hatte, in unverhältnismässig kurzer Zeit sich ein völlig unabhängiges, in jeder Beziehung geordnetes Königreich zu schaffen.

Vater David hat die staatliche und religöse Entwicklung des Landes auf Jahrhunderte vorgezeichnet, da er sich ein Centrum der Landesregierung und des nationalen Gottesdienstes geschaffen.

Vater David hat die unter den schwersten Opfern errungene Landesmacht gesichert durch ein ständiges Volksheer (288 T. M.; 1 Paral. 27, 1), sowie durch ausreichende Befestigungswerke. Die Bollwerke des Nordens waren Chazôr (heute Tell-Hasur, nordwestl. v. See Tiber.) und Megiddo (im Kishon-Thale, heute Tell-Leggun), während der Süden und seine Residenz in weitem Bogen gegen Westen gesichert war, und zwar die Heerstrasse von Joppe durch die Festungen Bejth-Chorôn (heute Bejt-Ur) und Gezer (heute Tell-Geser), die Zugänge von Askalon und Gaza dagegen durch das feste Baghalâth (heute Baalîn).

Vater David bekundete weiter seine staatsmännische Klugheit dadurch, dass er einerseits die Fürsten und Aeltesten der einzelnen Stämme als „Reichs-Stände" anerkannte und bestätigte, anderseits den Richtern in den Städten gesetzeskundige Leviten zur Seite stellte.

Vater David hat zudem durch Ausdehnung des israelitischen Gebietes bis an das rote Meer (Ghezjôn-Geber) die Wege gebahnt für die Entwicklung eines nationalen Handels und Verkehres trotz des sozialen Uebergewichtes der Kanaaniter.

Vater David's staats-ökonomische Befähigung aber mögen wir schliesslich bewundern, wenn wir lesen, welch reiche Schätze an Gold und Silber „der Sohn des armen Isaj" hinterlassen: „auri talenta centum milia et argenti mille milia talentorum". (1 Paral. 22, 14.)

Eine solch durchgreifende und nachhaltige Staatsorganisation jedoch, welche von keiner Seite mehr gehemmt worden, setzt, um zu unserem Grundgedanken zurückzukehren, einen Herrscher voraus, welcher als historisch-notorischer Sieger über alle seine Feinde anerkannt worden ist.

Als drittes Abzeichen des Olympiers gilt *die Opferschale.* Es bedarf wohl selbst nicht des Hinweises auf die unvergleichlichen Verdienste Vater David's um den Kultus: Shalêm (Jebûs) ward erobert, der Königspalast erbaut, die Bundeslade nach Zijôn verbracht, der Tempelbau vorbereitet, der Gottesdienst (Stamm Levi) neu geordnet und der Psalmen-Chor-Gesang begründet. (Gegen 80 Psalmen von Vater David selbst verfasst.) Zur Geschichte Shalêm's, der alten Königs-Stadt des Priesters Malkizédek (2000 v. Chr.), bemerken wir, dass die Nachkommen des Jebûs, eines Sohnes Kenághan's, ein halbes Jahrtausend im Besitze der Burg und Stadt gewesen.

Unter dem besonderen Schutze des Zeus standen *die Fremdlinge, die Landesflüchtigen* und *all die Hilfeflehenden,* weil er selbst ehedem vor den Verfolgungen des Kronos und der Titanen sich flüchten musste nach Aegypten.

Bedenken wir, wie der Gesalbte des Herrn vor den Verfolgungen seines Königs sich in der Wüste bergen musste, um von Versteck zu Versteck zu eilen, bald auf die verödete Bergeshöhe Zîph (südl. v. Hebron), woselbst er ganz Judäa zu überschauen vermochte, bald auf den Berges-Rücken Maghôn (heute Tell-Main, südl. v. Karmel), bald in die Schlucht Ghadullâm (nördlich von Eleutheropolis, heute die Ruinen Aadalmieh), bald in entlegene Höhlen am toten Meer (Engaddi, Westküste), um schliesslich beim Landesfeinde Schutz zu suchen und an König Hachîsh in Gath sich zu wenden, welcher ihm das entlegene Sikéleg bei Beêr-shébagh (heute Birseba) zum Aufenhalte angewiesen. „Nonne melius est, ut fugiam et salver in terra Philisthinorum, ut Saul cesset me quaerere in cunctis finibus Israël“?

Wenn David also *fremden Schutz* gesucht und *hilfeflehend* von Ort zu Ort gekommen, so scheinen gerade diese bitteren persönlichen Erlebnisse die Veranlassung gewesen zu sein, dass die Sage alle Fremden und Hilfsbedürftigen unter den besonderen Schutz des Zeus gestellt hat, und finden hierdurch die Attribude φύξιος, ξείνιος und ἱκέσιος für uns erst recht ihre volle Bedeutung und Würdigung. — Die Frage, weshalb einerseits Zeus bei Homer allerwärts eben als Hort der Hilfeflehenden in den Vordergrund tritt, und weshalb anderseits die ἀλήμονες ἄνδρες und die ἱκέται im homerischen Zeitalter geradezu eine eigene Menschenklasse repräsentieren, habe ich je weder aufwerfen, noch beantworten hören.

Es widerstreitet aber erstens diese notorische Güte des Vaters der Götter und Menschen jeder vorchristlichen Religions-Anschauung (siehe oben, Entzifferung der Sage), wie zweitens die notorische Existenz einer von Drangsal und Not verfolgten Menschenklasse mit dem Zustande der ersten nationalen Entwicklung, da von Uebervölkerung, Verarmung und Auswanderung doch keine Rede sein konnte, nie und nimmermehr zu vereinbaren ist. Stellen wir aber den Ζεὺς ἱκέσιος neben den flüchtigen Gesalbten des Herrn, welcher von Gott und der Welt so lange Zeit verlassen schien, sowie die fahrenden Geschlechter Homer's neben die Not und Drangsal der durch die Wüste irrenden Israeliten, so haben wir augenscheinlich für ein zweifaches Rätsel, dessen befriedigende Aufklärung anderwärts kaum zu gewinnen ist, die überzeugende Lösung gefunden.

Nach der Ueberlieferung flüchteten sich die Götter während der hartnäckigen Titanenkämpfe nach Aegypten und zwar in der Gestalt von unvernünftigen Tieren. Duxque gregis fit Jupiter. (Ov. Met. 5, 327).

Auf seiner Flucht vor König Saul begab sich David von Haramâthah (Er-Ram) zuerst nach Nobeh ($^3/_4$ St. nordöstl. v. Jerus., heute das Dorf El-Isaviyeh). Daselbst nämlich befand sich damals die hl. Lade und die Priesterschaft. Nachdem er vom Hohenpriester Achimelech zur Stillung des Hungers die Schaubrode und zum persönlichen Schutze das Schwert Goljâth's erhalten, lenkte er seine Schritte nach Gath (Dikkrin). Da er jedoch von König Achis sofort erkannt wurde, brach er in widerliche Krämpfe aus, um die Rolle des Wahnsinnigen (Unvernünftigen) zu spielen.

Von Ghadúllam (Aadalmieh) aus, woselbst in entlegenen Verstecken vierhundert verlorene Israeliten um ihn sich scharten, welche alle ihre Sache auf nichts gestellt hatten, brachte er später die bekümmerten Eltern, welche seiner Spur gefolgt waren, beim Könige von Moâb auf der Ostseite des toten Meeres nach Mizpéh (heute nicht mehr nachzuweisen) in Sicherheit, nach jenen blauen Bergen, welche er von der Zipher-Höhe so oft bewundert und gleichsam um ihre Sicherheit beneidet hatte. Hierbei aber musste ihn sein Weg wenigstens annähernd in den Bereich der ägyptischen Landesgrenze führen.

Wenn der mythische Vater Zeus in seiner Jugend von den Nymphen im idyllischen Arkadien oder auf den idaeischen Waldestriften Kreta's erzogen worden ist, so entspricht eine solche Darstellung durchaus dem biblischen Berichte über die Jugendzeit Davids nach den Worten seines Vaters gegenüber dem Propheten: „Adhuc reliquus est parvulus et pascit oves". (1 Kön. 16, 11.)

Schliessen wir unsere Parallele vorläufig dadurch ab, dass wir der biblischen Gesamt-Charakter-Schilderung des jugendlichen David bei seinem ersten Auftreten die entsprechenden notorischen Attribute des mythischen Zeus zur Seite stellen:

„Ecce vidi filium Isai Bethlehemitem scientem psallere (Opferschale des Zeus) et fortissimum robore (ἀγώνιος) et virum bellicosum (στράτιος) et prudentem in verbis (ἀγοραῖος, βουλαῖος, πανομφαῖος) et virum pulchrum (Statue des Pheidias in Olympia) et Dominus est cum eo (Olymp), 1 Kön. 16, 18.

Unser nächstes Ziel bildet nunmehr der beiderseitige Sturz des Vorgängers und in folge dessen **die untergeordnete Parallele Saul-Kronos.**

Nach dem Berichte Diodor's (3, 61) hatte Kronos durch Gottlosigkeit und Habsucht den Hass des Volkes auf sich geladen und dadurch den Thron an den menschenfreundlichen Zeus, seinen Sohn, verloren.

Shaûl war vom Propheten Shemûel zu Haramâthah gesalbt und in Gilgâl, der ersten Kultus-Stätte, unter dem Jubel des Volkes zum Könige Israels gekrönt worden, „quoniam non erat similis illi in omni populo“ (1 Kön. 10, 24). Und es ergieng der Ruf Gottes an Shaûl: „Nunc ergo vade et percute Ghamâlek et demolire universa ejus, non parcas ei et non concupiscas ex rebus ipsius aliquid!“ (1 Kön. 15, 3.)

Und der Gesalbte des Herrn hat den Feind zwar aufs Haupt geschlagen, jedoch nicht nur den König Agâg verschont, sondern auch gerade die herrlichsten Herden und Gewänder als Kriegsbeute mitgeschleppt und nur die wertlose Habe der Vernichtung preisgegeben.

Daher seine Verwerfung durch den Allerhöchsten: „Pro eo ergo, quod abiecisti sermonem Domini, abiecit te Dominus, ne sis rex!“ (1 Kön. 15, 23.) Und merkwürdigerweise hatte schon, ehe Israel die Schwelle des gelobten Landes betreten, Bilghâm, der Prophet, im voraus es verkündigt: „Tolletur propter Agâg rex ejus et auferetur regnum illius“. (Num. 24, 7.)

Somit war die Missachtung des göttlichen Gebotes aus Anhänglichkeit an irdische Habe die Veranlassung zum Sturze Shaûl's geworden, und eben darauf ist die Gottlosigkeit und die Habsucht zurückzuführen, welche dem mythischen Kronos die Liebe des Volkes entzogen.

Bekanntlich rechnet die Sage ihren Kronos unter die Titanen (siehe unten). Wenn wir uns vorläufig damit begnügen, hinter dieser Namensbezeichnung jene Riesenhaftigkeit zu suchen, welche wir beispielshalber am Sohne des Titanen bewundert haben (Prometheus), so können wir dem Titanen Kronos den biblischen Bericht über die Körpergestalt Shaûl's zur Seite stellen: „Stetitque in medio populi et altior fuit universo populo ab humero et sursum! (1 Kön. 10, 23.)

Ueber Kronos selbst hat die Ueberlieferung nur die eine Behauptung in den Vordergrund gestellt, dass er wie im Wahnsinne (capite obvoluto) die eigenen Kinder verschlungen, ein Schicksal, welchem bekanntlich nur Zeus entgangen durch Rhea's Vorsicht und Hinterlist.

Von Shaûl war die Kraft Gottes gewichen und ein böser Geist hatte von seinem Herzen Besitz ergriffen: „Spiritus autem Domini recessit a Saul et exagitabat cum spiritus nequam a Domino". (1 Kön. 16, 14.)

Kennzeichnet nicht schon diese melancholische, schwarzgallige, oft in Wahnsinn und Wut übergehende Gemütsart Shaûls (Chrys.) überzeugend genug das böse Prinzip und das gehässige Wesen, welches die Ueberlieferung ihrem Kronos zur Last legt, und welches selbst die Kunst der Nachwelt überliefert hat, da sie ihn „als den Umnachteten" darstellt „obvoluto capite?"

Wenn ferner der erbarmungslose Shaûl nach dem dienstwilligen David, welchen er sehr lieb hatte (1 Kön. 16, 21), in dem Augenblicke die erfolglose Lanze geschleudert, da jener mit sanftem Harfenklang den bösen Dämon seines unglücklichen Herrn zu bannen suchte, heisst das nicht wie im Wahnsinn das eigene Kind verschlingen?

Oder wenn der verblendete König all seine Häscher aufgeboten, denjenigen, welchen er zu seinem Schwiegersohne erhoben, und welchen längst die Hand des Propheten gesalbt, gleich einem lechzenden, zum Tode ermatteten Reh durch die Schluchten und Wüsteneien Judäa's zu hetzen, um dem armen Opfer womöglich mit eigner Hand den Todes-Stoss zu versetzen, heisst das nicht wie im Wahnsinn das eigene Kind verschlingen?

Doch der Hass des Königs gieng noch weiter. Weil die Priesterschaft zu Nobeh, wie oben mitgeteilt, der Flucht Davids in erster Linie Vorschub geleistet hatte, sollte die Rache des Verfolgers über die ganze Stadt hereinbrechen. Fünfundachtzig Priester des Herrn, alle Männer und Frauen, Kinder und Säuglinge der Stadt fielen der Schärfe des Schwertes anheim durch das Machtwort ihres unseligen Landes-Vaters. (1 Kön. 22, 19.). Heisst das nicht wahrhaftig wie im Wahnsinne seine eigenen Kinder verschlingen?

Nach Diodor (3, 71, 72) ist Kronos von den libyschen Kriegern Nysa's und den verbündeten Amazonen unter Anführung des Dionysos ohne jede Beteiligung des Zeus im Kampfe überwunden worden.

Führen wri uns zunächst den historischen, traurigen Untergang Shaûl's vor Augen. Die Philister lagerten auf dem kleinen Hermon zu Shunâm (heute Sulâm), Shaûl gegenüber auf dem Waldgebirge Gilbôagh (heute Gelbâa), beide angesichts der herrlichen Ebene Jisreghêl (Esdrelon). Der unglückliche König, von welchem Gott, der Herr, seine Hand zurückgezogen, erfährt vor der Entscheidung selbst durch die Hexe von Ghejn-Dôr (heute Endûr am Nordabhange des kl. Hermon) sein bevorstehendes Ende. Und wirklich — in wildtobender Schlacht, welche bis in die Nacht hinein währte, wurden die Israeliten geschlagen; Jehonathân, Abinadâb und Malkishûagh, die Söhne Shaûl's, fallen im Kampfe; der verzweifelte König aber stürzt sich in sein eigenes Schwert. Und die grausamen Philister liessen sein abgeschlagenes Haupt durch die Städte tragen, während sie den gewaltigen Rumpf (cf. Priamus, Virg. 2, 557: Jacet ingens litore truncus) aufgehängt an der schwarzen Felsmauer unweit des Thorweges von Bejth-Shân (heute Beïsân, östl. v. Gelbâa). Doch die dankbaren Bewohner von Jabêsh (heute Yabis-Thal jenseits des Jordan), deren Stadt König Shaûl ehedem vor Nachâsh, dem Ammoniter, gerettet, bargen zur Nachtzeit den Leichnam des Vaters und der Söhne, verbrannten sie, setzten ihre Asche im Tamariskenhaîne bei und fasteten sieben Tage. (1 Kön. 31, 13.)

In dieser hartnäckigen Philister-Schlacht erkenne ich das historische Prototyp für die mythische Titanomachia, deren ursprüngliche Fassung gelautet haben musste „Kronos fällt durch die Titanen ohne Beteiligunng des Zeus" (cf. Diodor). Haben wir doch ein Spiegelbild dieser ursprünglichen Fassung in der analogen Nachbildung „Uranos fällt durch die Titanen".

Die Sage mochte nämlich frühzeitig mit der Thronfolge auch den Thron-Sturz an den Namen des Zeus geknüpft haben, zumal der anerkannte Sieg in der Gigantomachia die gleiche Rolle in der Titanomachia nahe genug legen musste.

Halten wir demnach an unserer hypothetischen Fassung fest: „Kronos fällt durch die Titanen ohne Beteiligung des

Zeus". Mit der Namensbezeichnung **Titan** verbinden wir den Begriff der **Ur-Gewalt**. Die Ur-Allgewalt im ganzen Mittelmeere aber repräsentierten unbestritten die gefürchteten Söhne von **Zidôn**, welche ihre mächtige Hand nach fremder Habe ausgestreckt (cf. Hes. Theog. 209). Einer Vermittelung **Zidôn-Titán** entspricht aber nicht nur die Darstellung Hesiod's, welcher die Aufzählung der Titanen mit **Pontos**, **Okeanos** und **Koios** (Fluss) beginnt und mit **Tethys** (Gemahlin und Schwester des Okeanos) beschliesst (Herrschaft zur See), sondern auch die Auffassung Homer's, welcher Okeanos und Tethys ausgesprochen an die Spitze der Titanen stellt. Wenn nunmehr in unserer Entscheidungsschlacht, geschlagen im Angesichte der phoenikischen Landesmacht, geliefert durch ein Volk, mit welchem die Zidonier schon früher die Israeliten gemeinsam bekämpft hatten (Jud. 10, 11 u. 12), die Sage die Fahne des Philisters mit dem Hochbanner des grenznachbarlichen Zidoniers vertauschte, so mag eine solche Verschiebung der Thatsache im entlegenen Auslande in keiner Weise befremdlich erscheinen.

In späteren Tagen liess König David die Asche Shaûl's und Jehonathân's von Jabêsh nach Gibghâh verbringen, um sie beizusetzen im nahen Zêlagh im Grabe des Vaters Kîsh (2 Kön. 21, 14). Hiermit stimmt jener Zug der Sage überein, dass Zeus sich später mit Kronos wieder ausgesöhnt hat (siehe unten).

Wahrhaft ergreifend ist **die Klage Davids um Shaûl und Jehonathân**, jenes erschütternde Bogenlied (vom Bogen Jehonathâns benannt), welchem die Sage ihre **Dioskuren** verdankt.

Den Gesalbten des Herrn hatte David jederzeit in Shaûl hochgeachtet, so dass er nie und nimmer Hand an ihn gelegt hätte. Das hatte er bewiesen auf der Zipher-Bergeshöhe, da er zur Nachtzeit im Kriegszelte am Lager seines schlafenden Verfolgers gestanden, oder in der Höhle Engaddi, da er unbemerkt ein Stück des Königsmantels abgetrennt hatte. „Quis enim extendet manum suam in christum Domini et innocens erit?" (1 Kön. 26, 9.)

Aufrichtig war daher auch seine Trauer um Shaûl, schon um Jehonathân's willen, welchen David geliebt hatte, gleichwie eine Mutter ihren einzigen Sohn. (2 Kön. 1, 26.) Und sicherlich hatte die innigste Liebe zum Sohne im Herzen Davids zugleich mit der Katastrophe die letzte Spur von Abneigung gegen den Vater getilgt, und der edle König beweinte im Liede mit aufrichtigen Thränen „statt des einen Lieblings die beiden, im Tode ewig vereint". „Saul et Jonathas, amabiles et decori in vita sua, in morte quoque non sunt divisi." (2 Kön. 1, 23.)

Gehen wir über zu den mythischen Dioskuren. In dem unsterblichen Polydeukes erkennen wir den historischen König Shaûl, den Gesalbten des Herrn, im sterblichen Kastor den nichtgesalbten Jehonathân, welcher nicht zur Regierung gelangte. Da nunmehr einerseits die historische Salbung Shaûls die mythische Unsterblichkeit des Polydeukes begründete, anderseits der gemeinsame Tod und die Familienangehörigkeit das Zusammensein im jenseitigen Leben erforderte, gelangte die Sage zu ihrem bekannten Mittelwege, dass beide zugleich den einen Tag im Olymp, den andern im Hades verbringen sollten.

Da die Ehrung Shaûl's gleichsam erst mit seinem Tode beginnt, halte ich die Worte Homers für beachtenswert: „νέρθεν γῆς τιμὴν πρὸς Ζηνὸς ἔχοντες". (Od. 11, 302.)

Weiter stelle ich der mythischen Gewandtheit im Rosselenken (Schnelligkeit) und Faustkampf (Kraft) die Worte Davids gegenüber: „Aquilis velociores, leonibus fortiores". (2 Kön. 1, 23.)

Durch die Totenklage Davids um König Shaûl wird anderseits klar, wie es gekommen, dass der gehässige, geistig umnachtete und unheimliche Kronos dennoch kein entsprechend böses Andenken hinterlassen. Vielmehr weilt er im Lande der Seligen als Ratgeber des Rhadamanthys, und der Saturnus der Römer begründet gar das goldene Zeitalter; in den Saturnalien und Kronien aber bekundeten die Völker ihm Jahrhunderte lang ein frohes, freudiges Andenken.

Es erübrigt nur mehr die Namensvergleichung. Gehen wir vom römischen Gotte aus, so scheint Satur-nus annähernd den Schallwert von Shabûl zu repräsentieren. Geradezu schwierig aber, wenn nicht unmöglich, ist eine Vermittelung mit Kronos. Immerhin liessen sich nach vollzogener Angleichung und unter Vertauschung von dentaler Spirans und Liquida die reduzierten Stammformen Rraul und Rron — gegenüberstellen, welche zu ihrer Vereinigung nur mehr des bekannten Wechsels der dentalen Nasalis und Liquida bedürften.

Hiermit schliessen wir die untergeordnete Vermittelung Shaûl-Kronos ab, welche den beiderseitigen Sturz des Vorgängers repräsentiert.

Es fehlt unserer Haupt-Parallele David-Zeus, zu welcher wir nunmehr zurückkehren, gewiss nicht an zahlreichen und beweiskräftigen Argumenten. Indes scheinen mir gerade die ausgeprägten, auffälligen Gestalten des umnachteten Kronos (capite obvoluto) und des hinkenden Héphaistos (siehe oben, Entzifferung der Sage) die berufensten Zeugen zu sein, wenn es gilt, das historische Prototyp für Vater Zeus zu erweisen.

Vergegenwärtigen wir uns des weiteren, wie Vater David und Vater Zeus eine unbestrittene Herrschaft sich erringen mussten durch einen letzten Kampf mit dem Geschlechte der Riesen. (Gigantomachia.)

Das letzte Ringen Vater Davids fällt in jene Zeit, da seine Kräfte schon im Schwinden waren. (Dificiente autem David, 2 Kön. 21, 15.) Beiläufig bemerkt, hat dieser eine Ausdruck, wenn auch buchstäblich aufgefasst und auf die Titanenkämpfe übertragen, in der Ueberlieferung die deutlichsten Spuren hinterlassen. Nach Hesiod stärkt Zeus die wankenden Genossen mit Nektar und Ambrosia; da schwoll in sämtlicher Brust ihr trotziger Mut an (Theog. 641), während nach Diodor

Dionysos seinen Streitern eine Spende Weines reichen lässt und die Libyer reichliche Nahrungsmittel herbeitragen.

Zum letztenmal sollte es jenem gewaltigen Geschlechte gelten, mit dessen trotzigen Königen die Israeliten diesseits und jenseits des toten Meeres seit ihrer Annäherung an das gelobte Land zu ringen hatten, jenem Geschlechte, dessen Söhne (Ghanakiten) gerade Jeshûagh und Chalêb zu Chebron ausgerottet (die mythischen Κένταυροι), und dessen Reste vor dem Schwerte Israels in die Städte der Philister sich geflüchtet hatten, jenen spätesten Nachkommen der kanaanitischen Emoriter, welche die heilige Schrift als das Geschlecht der Giganten und die Söhne Raphah's kennzeichnet.

Indem die Philister sich nämlich aufs neue gegen Israel erhoben, zog Vater David, die Leuchte Israëls, welche bereits am Erlöschen war (2 Kön. 21, 17), mit seinen streitbaren Mannen hinab gegen Gezer (Tell-Geser, 1 Paral. 20, 4) und Gath (Dikkrin), und in dreifachem Kampfe kommen die gefürchteten Riesen mitsamt ihren ungefügen neuen Waffen zu Falle.

Vom ersten Giganten berichtet die hl. Schrift, dass er wohnhaft in Nob (vermutlich eine Höhe bei Gezer) und vom Geschlechte Raphah's gewesen. Augenscheinlich aber hat das hebräische Gentile Rephahî die gleiche Vokalfolge (Klangform) wie Βριαρεύς, der erste der drei mythischen Hekatoncheiren.

Als zweites Opfer fällt Goljâth, der Bruder jenes gleichnamigen Riesen, welchen David ehedem im Therebinthen-Thale (westl. v. Jerus.) erschlagen, eine Namensbezeichnung, deren Klang denkbarerweise in Γύης, dem zweiten der mythischen Hekatoncheiren, erhalten sein mag. Man denke sich als Mittelform Γυίας und vergleiche die Nebenform Γύγης sowie das spätere Γίγας.

Der missgestaltetste, frechste und längste der drei Riesen stammte aus der Stadt Gath. Bilden wir hiervon das Gentile nicht nach hebräischer Weise (Giththî), sondern mit Beibehaltung des unversehrten Stammes, so erhalten wir durch Lautverschiebung ein hypothetisches Gentile Κάττιος, woraus Κόττος, der Name des dritten mythischen Hekatoncheiren, sich ableiten liesse. Von ihm hebt die heilige Schrift hervor, dass er „sechs Finger hatte an den Händen und sechs Zehen an den Füssen, also vierundzwanzig". (2 Kön. 21, 20.)

Diese nachdrückliche Zahlangabe, auf welche hier weit mehr Wert zu legen ist als auf die sehr zweifelhafte etymologische Vergleichung der Namen, ist meines Erachtens grundlegend geworden für die Gestaltung der mythenhaften Giganten und Hekatoncheiren. Denn dass durch die mitteilsame, übertreibende Fama das Viertelhundert sich aufgerundet und die Digiti angewachsen zu Brachia und die Missgestalt der Füsse sich gesteigert zum Schuppendrachen, ist für den Geist der Volkssagenbildung ebenso selbstverständlich, als die spätere Unterscheidung von Hekatoncheiren und Giganten, sowie deren Verquickung mit den Titanen.

So lag denn das Riesengeschlecht der Raphaiten zu Boden, und Vater David, welcher früher weit gefährlichere Schrecknisse bestanden, fühlte sich gedrungen, nachdem Gott, der Herr, sein Fels und seine Kraft (Vers 2), selbst im vorgerückten Alter noch zu solchem Siege ihn geführt, nunmehr, wie ehedem Moyshês, der grosse Prophet, (Deut. 32) im hohen Liede (Canticum Davidis) seinem innigsten Danke für die Errettung gegenüber allen inneren (Shaûl, Abshâlom) und äusseren Feinden den begeistertsten Ausdruck zu verleihen. Und merkwürdigerweise sollte dieser Davidische Lobgesang unmittelbar nach seinem letzten Siege über das Geschlecht der Riesen auf die mythische Gestaltung der Gigantomachia einen ganz hervorragenden Einfluss ausüben.

Der königliche Sänger versetzt sich nämlich zurück in die Tage seiner tiefsten Erniedrigung, da Land und Leute ihn verstossen. Land und Leute hatten triumphiert, doch Land und Leute sollten nunmehr erbeben; denn der Retter und der Rächer naht im vollen Aufruhr der Elemente, die Finsternis zu seinen Füssen, den Sturm zur Seite. Und Land und Leute erbebten.

„Commota est et contremuit terra, fundamenta montium concussa sunt et conquassata. (Vers 8.)

Misit sagittas et dissipavit eos, fulgur et consumpsit eos. (Vers 15.)

Et revelata sunt fundamenta orbis ab increpatione Domini, ab increpatione spiritus furoris ejus. (Vers 16.)"

Wenn nunmehr die Sage anderwärts zahlreiche Spuren aufweist, welche ihren direkten Zusammenhang mit dem nackten Verbal-Texte der heiligen Schrift bekunden, so rechtfertigt sich meine Behauptung, dass die missverstandene buchstäbliche Deutung dieser Verse, welche sich im biblischen Bericht unmittelbar an den Sturz des Riesengeschlechtes anschliessen, der Darstellung all jener Schrecknisse, welche die mythische Gigantomachia auf den campi Phlegraei darbietet, Thür und Thor geöffnet haben, wenn anders wir nicht überhaupt darauf verzichten wollen, auf historisch-pragmatischem Wege in das heillose Dunkel des Sturzes der Riesen jemals Licht zu bringen.

So hatte denn die Sage David, den Hirten aus Bejthléchem, welchen Shemûel, der Prophet, gesalbt und Shaûl, der König, zu seinem Schwiegersohne erhoben, David, den Verfolgten, welcher nach endloser eigener Trübsal die Rache des Himmels auf das Haupt seines gottverlassenen Gegners im Schlachtgetümmel des mächtigen Philisters herniedersteigen sah, David, den siegreichen Fürsten, welcher die gesamten Landesfeinde und insbesondere das letzte Geschlecht der Riesen aufs Haupt geschlagen, David, den geliebten und bevorzugten König des höchsten Gottes, zu jenem Vater der Götter und Menschen sich gestaltet, welcher, vom eigenen Erzeuger bedroht, in jugendlichen Jahren auf idyllischer Waldestrift herangewachsen sodann von mächtigen Titanen unterstützt (ursprüngliche Fassung der Sage) seinen geistig umnachteten (capite obvoluto) Verfolger gestürzt und den ewigen

Thron an sich gerissen, schliesslich aber mit seiner Gotteskraft der Hölle (Tartarus) letzte Riesensöhne zerschmettert hat, um als **Vater Zeus** zu walten über das All auf des Olym-pos Höh'n, gleich **Vater David**, dem allbewunderten Hort von Shalêm-Jebûs.

Beiläufig bemerkt, bietet die volle Namensform „Jerûshâláim", sowohl was die Wortstämme, als den Numerus dualis anbetrifft, für die Erklärung ganz erhebliche Schwierigkeiten. Wenn wir jedoch — allerdings der ganzen hergebrachten Ueberlieferung aller Zeiten zuwider — die beiden Namensbezeichnungen der selbständigen kanaanitischen Feste „Jebûs" und der alten Priesterkönigs-Stadt Shalêm vereinigen, (Jebûs-shalêm, man vergleiche beispielshalber die Namens-Verbindung Clermont-Ferrand, welche aufgekommen, nachdem Ludwig XIII. die Stadt Clermont mit dem nahen Mont-Ferrand vereinigt hatte), so erhalten wir erstens eine klare Etymologie, zweitens die befriedigende Erklärung des Numerus dualis und drittens, wenn wir die Stellung wechseln (Shâlem-jebus) ein wahrscheinliches Substrat für den hellenischen Ὄλυμπος (Vokalisation von Σόλυμα, Synkope, Lautverschiebung) als die mythische Götter-Statt.

Zum Gesamt-Abschlusse unserer Parallele David-Zeus erübrigt uns noch die Namensvergleichung.

Gehen wir aus vom unversehrten, ursprünglichen Namen Davîd, mit welchem wir die arabische Stufe Davûdu und die historisch-geographische Form Daûd (Nebi-Daûd, Prophet David, heute der Name jener mohammedanischen Moschee, welche das ehrwürdige Coenaculum und die Kenotaphien Davids repräsentiert), so erhalten wir, ohne eine hypothetische Form „Djavis" annehmen zu müssen, die nachfolgende historisch-etymologische Kette: Davîd — Davûd — Daûd — Dyaûs — Zeus. Wer an dieser Namens-Ableitung — um zunächst von sachlichen Schwierigkeiten abzusehen — rütteln will, darf sich getrost als etymologischen Nihilisten bekennen und jede vernünftig zwingende Etymologie über Bord werfen.

Wenn ich demnach voraussetze, dass der indische Dyaus und der hellenische Zeus identisch sind (was keineswegs eine ausgemachte Sache ist, falls wir vom indischen Collectivum „dyô, coelum" ausgehen), so bin ich etymologisch berechtigt, die mythischen Namensbezeichnungen des höchsten Gottes: Dyaus-pitar, Ζεύς-πατήρ und Ju-piter (Diespiter) auf das historische Prototyp **„David-pater"** (über den notwendigen Zusatz „pater" siehe oben, Entzifferung der Sage) zurückzuführen.

Was die chronologischen Schwierigkeiten betrifft, so behaupte ich:

Erstens: Niemand vermag strikte und exakt zu beweisen, dass der Name Zeus und (für den Fall der Identität) der Name Dyaus älter sind als der Name David.

Zweitens: Der haltlosen Gesamt-Chronologie der Vorzeit bis sattsam herab auf das neunte Jahrhundert darf die Entzifferung der Mythen, selbst wenn es sich scheinbar um Jahrhunderte handelt, in keiner Weise Rechnung tragen, wenn sie nicht direkt auf Abwege geraten will.

Drittens: Nur durch die endliche Klarstellung der Mythologie auf historisch-pragmatischem Wege können jene Meilensteine der Jahrhunderte eruiert werden, welche so manche zuversichtliche und tief eingewurzelte Ueberlieferung zu Schanden machen werden.

Wenn übrigens die Völkerstrasse von Thiphsach nach Indien gerade so bequem gewesen, wie die Handelswege von Tyrus nach dem Abendlande, und wenn die indische Sage und Epik die überraschendsten Gegenstücke zu sämtlichen homerischen Haupt-Gestalten darbietet, so mag es nur einleuchten, dass auf dieselbe Art und Weise, auf welche die Hellenen zu ihrem Vater Zeus gelangten, die Indier zu jenem Vater Dyaus gekommen, welcher als „Ausländer" am indischen Götterhimmel vereinsamt geblieben und neben dem einheimischen Varuna und Indra nicht aufzukommen vermochte.

Einen misskannten Doppelgänger des Zeus repräsentiert der thrakische Sänger Ὀρφεύς, mag nun die Ueberlieferung geographisch von Hause aus einen anderen Weg genommen haben, oder sei es, dass die Hellenen als ihren Vater der Götter und Menschen nur David, den König, für würdig erachteten, von welchem sie David, den Sänger, zu trennen wussten.

Vergleichungspunkte für die Parallele Davîd-Ὀρφεύς:

1. Eine nie dagewesene Sangeskunst von elementarer Wirkung und zwar in der Weise, dass wir an David mehr den Sang, an Ὀρφεύς den Sänger mehr zu bewundern haben.

2. Der Abstieg zur Unterwelt.

Augenscheinlich stossen wir hier bei der Ueberlieferung hinwiederum auf missverstandene Bibel-Texte. Bath-shébagh hatte dem König David einen Sohn geboren, welcher am siebenten Tage, wie Nathan, der Prophet, es verkündigt, von der Hand des Todes ereilt wurde. Der ersten Verzweiflung des Vaters folgte die bessere Einsicht. „Numquid potero revocare eum amplius? Ego vadam magis ad eum, ille vero non revertetur ad me.“ (2 Kön. 12, 23.) Diese Worte sind nicht anders zu verstehen, als beispielshalber die Rede Jakobs: „Descendam ad filium meum lugens in infernum“ (Gen. 37, 35) und beziehen sich selbstverständlich auf das Wiedersehen im jenseitigen Leben. Verbinden wir aber den vorangehenden ausserordentlichen Schmerz Davids (jejunavit et iacuit super terram) mit der buchstäblichen Auffassung obiger Worte, und übertragen wir beides vom Sohne auf die geliebte Mutter, des Urijâh rechtmässige Gattin (Εὐρυ-δίκη), so haben wir die wesentlichen Grundzüge unseres mythischen Abstieges zur Unterwelt.

3. Die verschmähte Frauenliebe, welche für Ὀρφεύς unter den Thrakierinnen so verhängnisvoll geworden, führe ich zurück auf das Verhalten des vom Alter gänzlich gebrochenen Königs gegenüber der jugendlichen Dienerin Abîshag aus Shunâm (Sulâm), insbesondere aber auf die Worte

des biblischen Berichtes: „Erat autem puella pulchra nimis dormiebatque cum rege et ministrabat ei, rex vero non cognovit eam". (3 Kön. 1, 4.)

4. Ὀρφεύς als Sühn- und Weihe-Priester (τὰ Ὀρφικά) entschädigt die Ueberlieferung vollends für die ganze Einbusse, welche sie erlitten in der einseitig königlichen Gestaltung ihres Zeus. Merkwürdigerweise hat bekanntlich schon Aristoteles diesem Ὀρφεύς seinen historischen Charakter abgesprochen.

5. Die sprachliche Namensvermittlung Davîd-Ὀρφεύς bietet nicht nur keine Schwierigkeit, sondern ergänzt zugleich unsere Gegenüberstellung: David-Zeus.

Nach unseren Beobachtungen kann überhaupt die griechische Endung ευς in mythischen Eigennamen als direkte Spur für hebräische Abstammung gelten: Μηθεύς, Περσεύς, Θησεύς, Ὀδυσσεύς, Ἀχιλλεύς, Εὐρυσθεύς, Ζεύς, Ὀρφεύς, Βριαρεύς, Σαλμωνεύς (siehe unten, Tritogeneia).

Diese frappante Uebereinstimmung der Endungen muss jedem Linguisten um so mehr zu denken geben, da der Auslaut ευς nicht für ein „indogermanisches Erbe" gelten kann.

Schliessen wir unsere untergeordnete Parallele Davîd-Ὀρφεύς mit dem Hinweise ab, dass, wo immer in der hellenischen Sagengeschichte von besonderer Auszeichnung in Sang und Spiel die Rede ist, geschichtlich jeweils irgend eine Beziehung zum Hofe des königlichen Sängers David nachweisbar wird. (Siehe unten, Apollon.)

VI. Apollon und Diana.

Amphion, König von Theben, der Meister auf der Harfe, wird am Feste der missachteten Latona urplötzlich seiner sieben Söhne beraubt, welche, von den unsichtbaren Pfeilen Apollon's durchbohrt, Bruder auf Bruder darniedersinken, und der arme Vater stösst sich den Stahl in die eigene Brust, um Leid und Leben im Tode zugleich zu beschliessen. (Ov. Met. 6, 271, 72.)

Uebersetzen wir die ergreifende Sage, auf welche der ganze Reichtum des Apollon-Mythus sich gründet, in die Sprache der israelitischen Geschichte.

Amînon, der erstgeborene Sohn Davids, des Meisters auf der Harfe, hatte die jungfräuliche Stief-Schwester Thamar geschändet, zu welcher er längst in unseliger Liebe entbrannt war. Von Stunde an ward Abshâlom, der drittgeborene Königs-Sohn, von Hass gegen den frevelhaften Bruder erfüllt und sann im stillen darauf, die arme, einzige Schwester zu rächen. Zwei Jahre lang hatte er den Bruder gemieden, bis ein verwegener Entschluss gereift war. Den harmlosesten Anlass schienen ihm nämlich die Tage der Schaf-Schur zu bieten, eines Familien-Festes, zu welchem seit Moses' Zeiten die Freunde geladen wurden, gleichwie es heutzutage noch die Gäste um den arabischen Schech vereinigt.

So war denn Amînon, trotz des ahnungsvollen Widerstrebens des Vaters („Non est necesse, ut vadat tecum"), mit sämtlichen Brüdern zum gastlichen Mahle gekommen nach Baghal-Chazôr (heute Tell-Asur, drei gute Meilen nördl. von Jerus.). Trunken vom Weine wird Amînon der Verabredung gemäss von den Dienern durchbohrt, und entsetzt flüchten sich auf ihren Maultieren die sämtlichen Brüder. Doch ehe sie in Shalêm angekommen, war die Kunde in den Palast gedrungen: „Percussit Abshâlom omnes filios regis et non remansit ex eis saltem unus". (2 Kön. 13, 30.)

Aus dieser gefälschten Hiobspost, deren Wortlaut unmittelbar an Ovid erinnert (unam mininamque relinque, de multis minimam posco), stammt die verschobene Darstellung der Sage, welche nicht nur den Schuldigen unter den Brüdern zum Vater stempelte, sondern auch dem vermeintlichen Tode der Söhne durch Abshâlom das Opfer von Töchtern durch Thâmar dichterisch zur Seite stellte.

So sollte denn Abshâlom, welcher im Blute des Bruders die Schande der Schwester gesühnt, im Munde entlegener Völker zum rächenden und strafenden Gotte Apollon werden, zum Fernhintreffer (ἑκατηβόλος), ausgestattet mit Pfeil und Bogen (κλυτότοξος), um frevle Mannen hinabzusenden in das Reich der Schatten.

Wenn dementsprechend Thâmar als die jungfräuliche Schwester Diana gedacht wurde, welche mit gleicher Waffe die Schuldigen ihres Geschlechts ereilt, so muss eine solche Angleichung in der Volks-Sagenbildung selbstverständlich genannt werden.

Es sei gleich hier bemerkt, dass das entschiedene Auftreten Abshâlom's im Dienste des verletzten Rechtes den mythischen Apollon mit einem Ruhmesglanze umgeben, welchen die spätere Empörung des verblendeten Sohnes gegen den unglücklichen Vater nicht mehr zu zerstören vermochte, so dass der mythische Apollon in einem wesentlich günstigeren Lichte dastehen musste, als der historische Abshâlom.

Sehen wir des näheren zu, welche Persönlichkeiten Abshâlom und Thâmar nach dem biblischen Berichte repräsentieren.

„Porro sicut Abshâlom vir non erat pulcher in omni Israel et decorus nimis: a vestigio pedis usque ad verticem non erat in eo ulla macula.“ (2 Kön. 14, 25.)

Ein bündigeres Motto für alle und jede Darstellung und Ueberlieferung Apollon's als der personifizierten Mannes-Schönheit (Phoibos-Apollon) vermag der begeistertste, scharfsinnigste und prägnanteste Dichter schlechterdings nicht zu ersinnen.

„Et quando tondebat capillum (semel autem in anno tondebatur, quia gravabat eum caesaries) ponderabat capillos capitis sui ducentis siclis, pondere publico.“ (14, 6 × 200 Gr.; 2 Kön. 14, 26.)

Das wallende, blonde Haupt-Haar Apollon's (ἀκερσεκόμης, intonsus) musste sich in der Sage um so mehr in den Vordergrund drängen, da gerade die ausserordentliche Fülle der Locken für Abshâlom verhängnisvoll geworden, als er nach der

Niederlage seines Heeres im Walde Ephraim (2 Kön. 18, 6), auf dem Maultiere flüchtig, den feindlichen Mannen Davids begegnete und im Gezweige der Eiche sich verstrickte, um zwischen Himmel und Erde schwebend vom gewissenlosen Joâb, dem Sohne Zerûjah's, Davids Schwester, hülflos durchbohrt zu werden. (2 Kön. 18, 9.)

Seine nationale Bedeutung hat Apollon erst als Orakel-Spender zu Delphi erlangt und zwar auf Grund völlig missverstandener Ueberlieferungen.

Abshâlom, welcher sich nach der Katastrophe zu Baghal-Chazôr geflüchtet hatte zu seinem Grossvater Thalmai in Geshûr am grossen Hermon, ist nach dreijährigem Exile durch die List des genannten Vetters Joâb (die trauernde Witwe aus Thekôagh bei Bethlehem) nach Shalêm zurückberufen worden, jedoch ohne das Angesicht seines Königs sehen zu dürfen, dessen Gnade er bald genug mit schnödem Undank lohnen sollte. Von Stunde an nämlich strebte er darnach, dem eigenen Vater den Thron zu entreissen.

Er schaffte sich eigenmächtig Pferde, Wagen und Gefolge an (siehe unten, Σαλμωνεύς, Tritogeneia), stellte sich an den Eingang zur Gerichts-Stätte des Königs, wusste jeden zu befragen und auf die herablassendste Weise zu gewinnen (Bruderkuss) und wiegelte in konsequenter Berechnung vier Jahre lang (2 Kön. 15, 7 ist vier statt vierzig zu lesen) das Volk gegen Vater David auf.

„Quis me constituat judicem super terram, ut ad me veniant omnes, qui habent negotium et juste judicem?“ (2 Kön. 15, 4.)

Schliesslich nimmt der verwegene Sohn, welcher in Shalêm selbst das Banner der Empörung nicht so leicht entfalten konnte, zum Vorwande, ein Gelübde, welches er in Geshûr gethan, zu Chebrôn erfüllen zu wollen, und so hat er an der altehrwürdigen Stätte, an welcher er zudem selbst das Licht der Welt erblickt hatte, in die Posaune des Rebellen gestossen: „Regnavit Abshâlom in Chebrôn.“ (2 Kön. 15, 10.)

Und das Volk Israel scharte sich um seine Fahne (κουροτρόφος) mit ganzem Herzen, so dass Vater David aus Shalêm sich flüchten musste.

So war denn augenscheinlich der gefährliche Lockruf eines rebellischen Sohnes: „Venite ad me omnes, qui habetis negotium!“ (σωτήρ, opifer, medicus) von der irregeleiteten Ueberlieferung des Auslandes zu jener Ideal-Parole verklärt worden, durch welche ein begeistertes Volk seinen erklärten Liebling auf den Thron des National-Heiligtums zu Delphi, des Mittelpunktes der gesamten Erde (ὀμφαλὸς τῆς γῆς οἰκουμένης), erheben sollte.

Bekanntlich musste der mythische Apollon als Πυθοκτόνος sich flüchten und acht Jahre dienen, so dass seine Busse und Reinigung der Besitznahme des Orakels vorangegangen. Diese Darstellung entspricht in ganz verblüffender Weise der historischen Flucht Abshâlom's nach Geshûr, woselbst er sich drei Jahre aufgehalten, und wäre demnach das mythische Ungeheuer Πυθών sachlich neben das historisch-moralische Ungeheuer Amînon zu stellen, wobei möglicherweise die mythische Namensform Am-phion (Theben) sogar eine entfernte Spur für die Namensvermittelung Aminon-Πυθών bieten könnte.

Gott des Gesanges war Apollon zur Zeit Homers noch nicht, wohl aber spielt er beim Schmause der Götter die Phorminx (Il. 1, 603). Indes ist bereits oben darauf hingewiesen worden, dass, wo immer in der Hellenensage von ausgezeichnetem Sang und Spiel die Rede ist, historisch augenscheinlich der direkte Verkehr am Hofe des königlichen Sängers zu Grunde gelegt werden muss. (Amphion.)

Apollon als Beschützer der Herden (Il. 2, 766; 21, 448) erklärt sich durch den blossen Hinweis auf das erwähnte Fest der Schaf-Schur zu Chazôr. (λυκοκτόνος.)

Die Rolle des Musenführers (μουσαγέτης) verdankt Apollon sicherlich seiner Stellung als Inhaber des Orakels, da gerade die Musen die Offenbarung des höchsten Gottes repräsentieren. Ein weiteres Bindeglied mag beiderseits „das

Ideal der Schönheit" gebildet haben. Indes historisch aufgefasst steht Apollon den Musen gerade so fern, wie Abshâlom der Persönlichkeit des Moyshês.

Schroff genug bleibt demnach freilich der Gegensatz zwischen dem mythischen Apollon und dem historischen Abshâlom. Indes mochte das böse Andenken in der Heimat durch die Totenklage Davids nicht unerheblich gemildert worden sein. „Quis mihi tribuat, ut ego moriar pro te, Abshâlom fili mi, fili mi Abshâlom!" (2 Kön. 18, 33.) Zudem ist es nicht ausgeschlossen, dass Vater David den Leichnam seines unglücklichen Sohnes aus der Wald-Grube, in welche er unmittelbar nach der Schlacht geworfen wurde (2 Kön. 18, 17), nach Shalêm verbringen liess, um denselben, wenn auch heimlich und prunklos, beizusetzen in dem kioskartigen Steindenkmale, welches sich Abshâlom noch zu Lebzeiten hatte setzen lassen, zwei Stadien östlich von der Stadt, an der eigentlichen Stätte des Todes und des Gerichtes, im Thale Jehoshaphât.

Anderseits haben wir oben (Entzifferung der Sage) beim kleinen Mephibósheth sowohl, als beim grausamen, gottverlassenen König Shaûl gesehen, wie hoch die Ueberlieferung die Zugehörigkeit zum israelitischen Königshause von Gottes Gnaden zu schätzen wusste, galt sie doch augenscheinlich geradezu als Legitimation für die Aufnahme in den hellenischen Olymp oder in das besondere Reich der Seligen.

Trotz alledem mag es uns immerhin seltsam genug erscheinen, dass geschichtlich der Jude, welcher im Thale Kidron wandelt, einen Stein der Entrüstung nach der Denksäule desjenigen schleudert, dessen mythischer Name Jahrhunderte lang den ganzen Ruhmes-Glanz der hellenischen Nation in sich vereinigen sollte.

Ueber die Persönlichkeit Thâmar's findet sich in der hl. Schrift nur die eine Angabe, dass sie von ausserordentlicher Schönheit gewesen (soror speciosissima, 2 Kön. 13, 1), wie denn Artemis bei Homer durch jugendliche Schönheit und

Schlankheit ausgezeichnet wird, so dass beispielshalber Helene und Penelope gerade mit ihr verglichen werden.

Wenn *Artemis als Symbol der unbefleckten Jungfrauschaft* gegolten (man vergleiche die Bibelstelle 2 Kön. 13, 2: „cum esset virgo, difficile ei videbatur, ut quippiam inhoneste ageret cum ea), so mag die Sage gerade von ihrer Verletzung aus dem doppelten Grunde Abstand genommen haben, weil dieselbe nicht nur durch Abshâlom gesühnt worden, sondern auch das Band der geschwisterlichen Liebe nur um so fester geknüpft hatte.

Das innige Verhältnis aber, welches das mythische Zwillingspaar kennzeichnet, wird historisch in seiner ganzen Tiefe durch die Thatsache begründet, dass Abshâlom den Frieden seines Herzens und gleichsam das Glück seines Lebens eingesetzt hat für die geschändete Ehre seiner Schwester.

Wenn Artemis, welche gleich Apollon Pfeil und Bogen führt (ἰοχέαιρα) zur hochgeschürzten *Jagd-Göttin* und erklärten Freundin der Natur geworden (ἀγροτέρα), wobei sie Wild und Herde mehr hegt als verfolgt, so entspricht eine solche Weiterbildung der Sage dem Charakter des Bruders als des Beschützers der Herden.

Dass Abshâlom und Thâmar, weil beide von leuchtender Schönheit (Phoebus, Phoebe), später als *Sonne und Mond* an den Himmel versetzt wurden, rechtfertigt sich wohl von selbst, zumal im heissen Lande auch Helios ein Fernhintreffer genannt werden kann. (ἀστροβολία.)

Gedenken wir weiter *der Geburt* Apollon's und Diana's *auf der vorher schwimmenden Insel Delos.*

Die erinnerungsreichste Stätte des gelobten Landes war in erster Linie *Shiloh* gewesen. (5 Meilen nördl. v. Jerus., heute das Dorf Seilun, inmitten von Steinblöcken, Säulentrümmern und Felsengräbern gelegen.)

In Shiloh (Bedeutung: der Friede, die Ruhe) hatte das „fahrende" National-Heiligtum der Israeliten den ersten dauernden Ruhepunkt gefunden. (Aufenthalt 328 Jahre.) Wenn jedoch schon nach der Argonautensage die „wanderude Lade und

Stiftshütte" einem schwimmenden Schiffe verglichen worden, so mag es gewiss nahe genug liegen, das mythische Δῆλος, das schwimmende erste National-Heiligtum der Hellenen, jenes Eiland, welches durch die Geburt des nationalen Lieblings zum Stehen gekommen (Poseidons Machtspruch: Στῆθι, ὦ νῆσε) sprachlich und sachlich dem historischen Shiloh an die Seite zu stellen. (Shiloh-Σηλώ [Septuag.] - Δῆλος, Identität des Schallwertes), wobei allerdings die naheliegende Uebertragung des Wanderbegriffes vom Heiligtum auf dessen Stätte selbst einzuräumen wäre.

Anderseits führten die geschichtlichen Mühsale der wandernden Nation zu den mythischen Bedrängnissen der Mutter Leto vor der Geburt des Geschwister-Paares, welche selbst hinwiederum der Tochter die Attribute Εἰλείθυια und Lucina eingetragen haben.

Gehen wir schliesslich zur sprachlichen Namensvergleichung über, welche eine überaus günstige zu nennen ist.

Amînon - Amphion, Abshâlom - Apollon und Thâmar-Dianam verstehen sich geradezu von selbst.

Doch auch die Vermittelung Thâmar-Artemis bietet kaum eine ernste Schwierigkeit. Setzen wir nämlich den scharfen hebräischen Artikel vor Thâmar, so bekommen wir das Proparoxytonon Háththamar, welchem ich ohne Bedenken die Form Ἄρτεμιν unmittelbar zur Seite stelle.

Zur Bestätigung meiner abnormen Accentuation „Háththamar" führe ich die folgenden Wort-Vermittelungen an, in welchen der scharfe hebr. Artikel jeweils den Wortaccent an sich gerissen hat: 1. hâgholam-saeculum; 2. hákkadosh-sanctus; 3. hássus-áśvas (sanskrit, gleich lat. equus.); 4. hánnephesh-animus; 5. házzalma-ἄγαλμα; 6. háshshintâh-ἄκανθα.

Was übrigens solche Vermittelungen überhaupt anbetrifft, so hat leider die Thatsache, dass eine semitisch-indogermanische Sprachvergleichung bislang resultatlos geblieben, das tief eingewurzelte Vorurteil gezeitigt, dass semitische und indogermanische Laute unvereinbar sind. Es wird aber gerade die Entzifferung der Mythen, durch welche historisch gegebene Eigennamen gegenübergestellt und vermittelt werden sollen, in erster Linie dazu berufen sein, einer neuen Anschauung der Dinge die Wege zu bahnen.

VII. Tritogeneia.

Wie nach wilder Kampfeslust und rohem Schlacht-Getümmel der Segen und die Ruhe des Friedens nur um so tiefer empfunden und desto höher geschätzt wird, so musste gegenüber dem streitbaren und sieghaften Vater Zeus das milde, wenngleich würdig-ernste Antlitz der weisen und kunstsinnigen Tochter Pallas sich die Herzen der gesamten Hellenen für alle Zeiten zu innigstem Danke verpflichten.

Ist es doch gerade die Weisheit (ὀξυδερκής, γλαυκῶπις, Caesia), auf welche die ganze Wesenheit unserer Athene sich gründet. Kunst und Wissenschaft, Gewerbe und Handel (ἐργάνη), Recht und Gesetz (βουλαία, ἀγοραία), die Organisation des Staates (φρατρία), das Aufblühen der Städte (πολιάς, πολιοῦχος), die Hebung des Landbaues (ἀγραύλη, ἱππία), ja die ganze National-Wohlfahrt der Hellenenwelt (πρόμαχος, σώτειρα, νίκη) sie konnte sich keine mächtigere Schirmherrin erwählen als eben die personifizierte Weisheit.

Aus all den zahlreichen Attributen, welche die jungfräuliche, mutterlose Tochter des mächtigen Vaters (παρθένος, ὀβριμοπάτρη) kennzeichnen, hebe ich an erster Stelle ihren Beinamen Τριτογένεια (Τριτογενής) hervor.

Wie gewöhnlich, so musste auch hier die zersetzende Etymologie zu Schanden werden. Was nützt uns ein boeotischer Waldbach oder ein libyscher See in Beziehung auf das Wesen derjenigen, welche daselbst das Licht der Welt erblickt haben soll. Denn wenn Kunst und Natur Gegensätze bilden, so muss es als widersinnig bezeichnet werden, die Herrin der Kunst mit der Tochter der Natur ohne weiteres zu identifizieren.

Suchen wir unsere Τριτογενής in der Bibel.

a. Σαλωμών wird geboren als der erklärte Freund Gottes (amabilis Domino, 2 Kön. 12, 25; ego ero ei in patrem et ipse erit mihi in filium 2 Kön. 7, 14) und Erbe des Vaters (stabiliam thronum regni ejus usque in sempiternum, 2 Kön. 7, 13.) Πρωτογενής.

b. Σαλωμών erbittet und erhält bei der ersten Offenbarung und Erscheinung des Herrn in Gibghôn (heute El-Gîb, 2 Stunden nördl. v. Jerus.), woselbst damals die Bundeslade sich befand, die Gabe der Weisheit. „Ecce feci tibi secundum sermones tuos et dedi tibi cor sapiens et intelligens in tantum, ut nullus ante te similis tui fuerit nec post te surrecturus sit. (3 Kön. 3, 12.) Δευτερογενής.

c. Σαλωμών erhält bei der zweiten Offenbarung und Erscheinung des Herrn zu Shalêm nach vollendetem Tempelbau die Bestätigung der früheren Verheissungen. (3 Kön. 9, 2.)

Auch hier ist von einer wirklichen Lebens-Frage die Rede. Denn nur mit Rücksicht auf die Treue des Vaters David wird Σαλωμών trotz seiner und seines Volkes Sünden vor der Verwerfung durch den Herrn bewahrt, so dass die Zersplitterung des Reiches erst nach seinem Tode beginnen soll. (3 Kön. 11, 12.) Τριτογενής.

Sonach kennzeichnet die Weisheit, und zwar nicht als menschliche Gelehrsamkeit und Frucht mühsamer Studien, sondern als die unmittelbare Gabe Gottes, des Herrn, die Tage und Pfade Salomons.

„Et praecedebat sapientia Salomonis sapientiam omnium orientalium et Aegyptiorum, et erat sapientior cunctis hominibus et erat nominatus in universis gentibus per circuitum.“ (3 Kön. 4, 30, 31.)

Dass es sich hier um eine aussergewöhnliche, wunderbare Gabe Gottes handelt, wird gerade durch jenen merkwürdigen Zug der Sage bestätigt, nach welchem die hellenische Göttin der Weisheit auf eine aussergewöhnliche und wundersame Weise unmittelbar aus dem

Haupte des Vaters Zeus entsprungen war. Anderseits findet selbstverständlich der rätselhafte Mythus durch den Hinweis auf die Salomonische Weisheit eine überraschende Aufklärung.

Stellen wir neben diese Fülle der Weisheit die ganze Herrlichkeit der friedensreichen Salomonischen Regierung, die Reichtümer des Landes, die Pracht der neuen Bauten und die freundschaftlichsten Beziehungen zu der bewundernden Mitwelt, so haben wir augenscheinlich das historische Prototyp jener nationalen Wohlfahrt gewonnen, welche die mythische Pallas in Hellas repräsentiert.

Nachdem jedoch aus dem Kreise, welchen die Sage um die Persönlichkeit Salomons gezogen, eben die Weisheit einzig ihr strahlendes Haupt erhoben hatte, darf es uns in keiner Weise befremden, wenn wir unter Vertauschung des Geschlechtes den historischen Sohn Vater Davids als die mythische Tochter des Vaters Zeus wiederfinden. Haben wir doch von jener weiblichen Μῆτις (Weisheit) auszugehen, welche Zeus erst verschlingen musste (daher μητίετα, μητιόεις), um aus seinem Haupte „die Tochter der Weisheit“ zu entsenden.

Einen imposanten ersten Gradmesser für die Macht und das Ansehen Salomons gegenüber den benachbarten Fürsten bietet uns Chîram, König von Tyrus.

Die hl. Schrift kennzeichnet ihn als ergebenen Freund Salomons, welcher den Israeliten bei ihren Bauten mit seinen Werkleuten und Schiffen bereitwillig an die Hand gegangen.

Die Sage dagegen verfährt weniger rücksichtsvoll, indem sie konstatiert, dass Chîram im Volksmunde weit unter Salomon gestanden und gleichsam nur als dessen Werkmeister gegolten.

Ist doch der mythische Ἑρμῆς der Griechen, der gewandte Vollstrecker der Aufträge aus dem Olymp (διάκτορος), allenthalben ortskundig und bewandert (ἡγεμόνιος, ἐνόδιος), geschmückt mit jenen Abzeichen des promptesten Weltverkehrs, welche den Jahrtausenden Trotz geboten (Flügelschuhe, alipes,

Flügelhut, πέτασος) auf keine andere geschichtliche Persönlichkeit zurückzuführen, als auf den mächtigen Sohn des ersten Handels-Volkes aller Zeiten.

Der umsichtige (ἐύσκοπος), gefällige (ἐριούνιος), erfindungsreiche (Lyra, Syrinx, Buchstaben, Zahlen), gewandte (λόγιος, facundus) und nimmerrastende (ἀργεϊφόντης) Handels-König, welcher sich freiwillig in den Dienst eines Höheren gestellt, muss daher als der Grund-Typus unseres Ἑρμῆς festgehalten werden, welchem die Sage mit Recht den goldenen, dreisprossigen Stab des Glückes und des Reichtumes zur Hand gegeben. (τριπέτηλος ῥάβδος, Caducifer; anderwärts auch als Junge, mit dem Geldbeutel in der Hand, dargestellt.)

Nachdem sich jedoch in der Ueberlieferung sein Dienstverhältnis gegenüber König Salomon in den Vordergrund gedrängt hatte, ward der erprobte historische Handels-König mythisch umgestaltet zum ewigen Götter-Boten (διάκτορος) und Seelenführer (ψυχοπομπός, ψυχαγωγός).

Was die Namensvergleichung betrifft, so bietet die Gegenüberstellung Chîram - Hermês gewiss keine Schwierigkeit.

Ob dagegen der Mercurius der Römer einfach als Mercator zu fassen ist, muss mindestens in Zweifel gezogen werden, wenn wir bedenken, dass der hebräischen Namensform Chûram etymologisch ein Vachûram (Labialwert des Aleph, welches mit Vav wechselt) zu Grunde gelegt wird, eine Wortbildung, welche keineswegs von vornherein ausserhalb des Bereiches der Vermittelung mit Mercurius zu setzen ist.

Einen imposanten zweiten Gradmesser für die Macht und das Ansehen Salomon's bietet die weitverzweigte Verbreitung seines herrlichen Namens.

1. Gehen wir erstens aus von „Telamon“, an dessen Vater schon die Sage die Tugenden Salomon's rühmt, die Frömmigkeit, die Milde, die Liebe der Götter. Telamon's kleines, göttliches (θείη) Königreich führt seinen eigenen Namen, nämlich Σαλαμίνς; die Gründung der älteren Namens-

Schwester-Stadt auf Κύπρος aber schreibt die Sage irrtümlich seinem Sohne Teukros zu, immerhin ein mythisches Kennzeichen einer sachlichen Verkettung.

Das nordöstliche Kap Kreta's nannte sich Σαλμώνιον (heute Sideros), dessen Nebenform Σαμώνιον auf Σάμος (Θρηικίη) führen mag, die bekannte Stätte des semitischen Geheimdienstes der gewaltigen Kabeiren (hebr. Chabbirîm), der Lehrer des geheimen „Wissens“ (Weisheit).

Eine alte Stadt der peloponnesischen Landschaft Pisatis, an der Quelle des Flusses Enipeus unweit Herakleia gelegen, führte den Namen Σαλμώνη und war gegründet von jenem Σαλμωνεύς, dessen Rollwagen, Kesselrasseln und Blitzfackeln an den biblischen Bericht erinnern „Igitur post haec fecit sibi Abshâlom currus et equites et quinquaginta viros, qui praecederent eum (2 Kön. 15, 1), wodurch der rebellische Sohn dem königlichen Vater David sich gleichzustellen suchte, gerade wie Σαλμωνεύς gegenüber dem Donnerer Zeus. Hierbei hat die Sage sich allerdings eine sprachlich naheliegende Verwechslung der Stiefbrüder Abshâlom und Salomon zu schulden kommen lassen.

2. Gehen wir zweitens aus von Σαλαμῖνος, einem Casus obliquus, welcher sich sachlich mit dem Casus rectus „Σαλμωνεύς“ vollständig deckt, so gelangen wir zunächst zur verstümmelten Halb-Form Μίνως, der Namensbezeichnung jenes mythischen Königs von Kreta, welcher sich augenscheinlich als männlichen Doppelgänger unserer Pallas Athene erweist.

Μίνως, der Sohn des Zeus, gilt nämlich nach der älteren Sage als der gerechte und weise König und Gesetzgeber Alt-Kreta's und repräsentiert, gleichwie Salomon in Israel und Pallas in Hellas, die ganze Wohlfahrt seines Volkes.

Doch gerade die späteren Widersprüche im Charakter des mythischen Königs finden ihre Bestätigung in der geschichtlichen Thatsache, dass Salomon, der König der Weisheit, durch seine späteren Verirrungen sich kennzeichnete als

Sklaven der Thorheit, (eine Katastrophe, von welcher die mythische Pallas verschont geblieben), so dass in Wirklichkeit einem mythischen Minos, dem Ersten und dem Zweiten, ein historischer Salomon, der Erste und der Zweite, gegenübersteht. Die Erinnerungen an Salomon, den Zweiten, aber schienen auf Kreta das Uebergewicht behalten zu haben.

Salomon hatte nämlich auf dem Berge „des Aergernisses" (südöstl. v. Jerus.) dem Götzen Ammon's Altar und Tempel errichten lassen (3 Kön. 11, 7). Molech, der hohle Metall-Götze mit Stierkopf, beanspruchte jede Erstgeburt von Mensch und Tier, um dieselbe in seinen glühenden Armen zu versengen. Der mythische Μινώ-ταυρος repräsentiert demnach den historischen Stier-Götzen Salomon's, und das Labyrinth (Λαβύρινθος), welches nie bestanden hat (Plin. 36, 13), mag weniger einer sagenhaften Erinnerung an den Molech-Tempel auf dem Berge des Aergernisses, sondern vielmehr den übertriebenen Ueberlieferungen über den grossartigen Tempelbau Salomons seine Entstehung verdankt haben.

Merkwürdigerweise aber lässt sich selbst für die unglückliche Pasiphaë die historische Spur nachweisen. Es entsprechen sich nämlich dem Schallwerte nach Bathshébagh und Pasiphaë (Lautverschiebung) vollständig. Demnach hätte die Sage jenen Ehebruch, welchen die rechtmässige Gattin Urijâh's mit König David begangen, dadurch gebrandmarkt, dass sie den garstigsten aller Mythen an ihren Namen zu knüpfen wusste, wobei allerdings vom Standpunkte Salomons aus die historische Mutter verwechselt worden ist mit der mythischen Gemahlin.

3. Von der verstümmelten Halb-Form Μίνως ausgehend, gelangen wir zu der geographischen Bezeichnung Μινώα. Also nannten sich zwei Städte auf Kreta selbst, an der Nordküste gelegen, die eine südlich vom Vorgebirge Kyamon, die andere östlich an der schmalsten Stelle der Insel. Weiter nannte sich Μινώα das kleine Felsen-Eiland vor dem Hafen von Megara, also direkt bei Σαλαμίνς gelegen. Ein viertes

Μινώα aber finden wir an der lakonischen Ost-Küste nordöstlich von Epidaurus Limera vor und zwar die Festung und Landspitze Μινώα.

4. Ein völlig misskannter Doppelgänger des Μίνως scheint König Μινύας von Orchomenos zu sein, der Stammvater der Minyer, der ursprünglichen Träger der Argonauten-Sage, dessen Gattin merkwürdigerweise Tritogeneia sich nennt, und dessen sagenhaftes Schatz-Haus an die Reichtümer Salomons erinnert.

5. Gehen wir weiter von Σαλαμωνεύς aus, so glaube ich den vollen Schallwert dieser Namensform wiederzufinden in Ῥαδάμανθυς als einer rüstigeren, gefälligeren und kräftigeren Schwester. Die Vokalisation ist nahezu unversehrt geblieben, während die Konsonantierung den bekannten Wechsel von dentaler Spirans und Media je mit der Liquida aufweist.

Den mythischen Ῥαδάμανθυς kennen wir als jenen blondgelockten, bevorzugten Sohn des Zeus und Bruder (Doppelgänger) des Minos, welcher wegen seiner Gerechtigkeit und Weisheit zum Richter im oberweltlichen Reiche der Seligen (Ἠλύσιον πεδίον, Νῆσοι μακάρων, insulae fortunatae, Ἀτλαντίς) eingesetzt worden.

Diese oberweltliche Stätte des ewigen Friedens, des milden Zephyros ureigenste Heimat, welche, wie schon Pindar hervorgehoben, vom unterirdischen Elysium wesentlich zu trennen ist, scheint sich die Sage eigens geschaffen zu haben für das Andenken an unseren historischen „König des Friedens", wobei das Zartgefühl der Ueberlieferung in ganz bewunderungswürdiger Weise zu Tage tritt.

Nachdem nämlich Vater David und König Salomon sich gegenübergestanden wie wehrhafter Krieg und glorreicher Friede, so musste der mythische Olympos des Zeus die Hochburg der streitenden Erdensöhne bleiben, während im Elysium des Rhadamanthys, dem Reiche des ewig sprossenden Frühlings, der immerwährende Friede seine Heimstätte aufgeschlagen, und zwar ohne dass der Tod seinen düsteren Schatten auf jenes herrliche Eiland geworfen, auf welches Zeus seine bevorzugten Lieblinge lebendigen Leibes gelangen lässt.

Was das Richteramt im besonderen anbetrifft, so hatte sich Salomon seinerzeit vom Herrn die Gabe der Weisheit in der Absicht erbeten, „ut populum tuum judicare possim et discernere inter bonum et malum. (3 Kön. 3, 9.)

Und eben dieses historische Richteramt hat die Sage in Anspruch genommen

erstens für ihren Rhadamanthys im Elysium,

zweitens für dessen Doppelgänger und Bruder Minos in der Unterwelt und

drittens für den Vater (Verwechslung) des weiteren Doppelgängers und Namensbruders Telamon, nämlich für den gerechten Αἰακός, eine Spaltung und Verzweigung der Sage, welche mit geradezu bewunderungswürdiger Konsequenz an dem einheitlichen historischen Prototyp festgehalten hat.

6. Gehen wir endlich von Ῥαδάμανθυς aus, so bietet sich uns eine letzte Perspektive, welche ich — trotz entgegenstehender sachlicher und sprachlicher Schwierigkeiten — nicht unerwähnt lassen möchte. Vermutlich nämlich bietet die mythische Ἀταλαντίς (Ἀτλαντίς) ihrerseits den Schallwert von Ῥαδάμανθυς dar (Vokalisation nahezu unversehrt, dazu Abschleifung, Lautverschiebung, Wechsel von labialer Nasalis mit Liquida), und stünde sich alsdann Reich und Regent unter gleichem Namen gegenüber, wie wir es bei Telamon-Salamin gefunden haben.

Für alle Fälle bestätigt uns Diodor (3, 60), dass das Gepräge der Atlantiden neben Frömmigkeit und Gerechtigkeit die weise Sinnesart gewesen, sowie insbesondere, dass Ἄτλας, dessen Name nach unserer Auffassung für eine sprachlich nicht unmögliche Rückbildung aus Ἀταλαντίς zu halten wäre, eine Annahme, welche die Casus obliqui zu bestätigen scheinen, dass Ἄτλας, sage ich, welchen er ausdrücklich den Sohn des Uranos nennt (Himmelreich), gerade deshalb das Weltall zu tragen habe, weil seine Weisheit die Gesetze des Himmels erforscht habe.

Dass aber diese „Insel der Seligen“ geographisch nach Hesperien verlegt worden, also nach den Gestaden des Abends und der allgemeinen Ruhe. erklärt und begründet sich von selbst.

Beachten wir zum Schlusse, dass die Sage eines oberweltlichen Reiches der Seligen sich verschiedentlich im kleinen lokalisiert hat.

Μάκαρ (Μακαρεύς), merkwürdigerweise der Bruder unseres Σαλμωνεύς, gilt als König der makarischen Inseln, deren Bewohner Μάκαρες hiessen.

Μακαρία nannte sich eine alte Stadt auf Kypros, jenem Eilande, welches nicht nur selbst den Namen Μακαρία getragen, sondern auch durch seine Stadt Σαλαμίνς, sowie durch den Aphrodite-Tempel (siehe 3 Kön. 11, 5, sed colebat Salomon Astarthen) zu Paphos, welcher eine getreue Nachbildung des Salomonischen Tempelbaues gewesen sein soll, in ganz besonderer Weise auf „den König des Friedens“ hinzuweisen scheint.

Μακαρία hiess weiter das Gefilde am Pamisos in Messenien, Μακαρία eine Quelle im Gebiete von Marathon.

Mehr greifbare Gestalt hat unsere „Seligkeit“ in dem glücklichen Volke der Phaeaken (siehe oben, Vorgeschichte) gewonnen, deren Sage bedeutsame Spuren aufweist, welche augenscheinlich gerade auf das „selige“ Kypros zurückführen.

So war denn vom Antlitze Salomons, des Friedensreichen, dessen Kunde auf der Grenzscheide gestanden zwischen hellenischer Sage und Geschichte, hinein in die finstre Nacht der gottesarmen Heidenwelt ein weithinstrahlender, lichter Abglanz jener göttlichen Weisheit und menschlichen Herrlichkeit zurückgeströmt, welche die Hand des Herrn über dem Sohne Vater Davids, des Geliebten, ausgegossen, und selbst nach Jahrtausenden sollte das Andenken seines wahrhaft königlichen Namens noch über manchem Erdenthrone schweben. (Solîman-Fridericus.)

Abschluss.

Indem das von mir behandelte historisch-mythische Gebiet noch keineswegs umfassend genug genannt werden kann, um mich zur Aufstellung eines definitiven Gesamt-Resultates zu berechtigen, beschränke ich mich zum Abschluss meiner Zeilen auf den Hinweis, dass erwiesenermassen zwischen hellenischer Sage und israelitischer Geschichte eine konsequente sachliche und meist auch sprachliche Reciprocität zu Tage getreten, gleichsam ein fortlaufender Parallelismus, welcher eine potenzierte Bedeutung aus einem dreifachen Grunde zu beanspruchen scheint, weil er nämlich

erstens überraschende, durchaus neue Perspektiven darbietet, so den Ausblick auf das Reich der kyklopischen Hirtenkönige, auf das wundersame Eiland Θρινακίη, auf das Sagengebiet der ehernen Medusa und — last not least — auf die trojanische und homerische Frage; weil er

zweitens ein wahres Schlaglicht wirft auf eminent charakteristische Einzelpersönlichkeiten, so auf den umnachteten Kronos (capite obvoluto) den hinkenden Hephaistos, den geschäftsgewandten Handelskönig Hermes und den Volksrepräsentanten Herakles, und weil er

drittens innerlich unzerreissbar gefestigt ist und zwar nicht nur durch die Kette der Verpaarung, wenn es sich handelt um Josua-Kaleb, Gedeon-Midjan und Abshâlom-Thâmar, sondern ganz besonders durch den geschlossenen Ring: Shaûl - Mephibósheth - David - Bathshébagh - Abshâlom - Thâmar - Salomon-Chîram.

Ein solcher Hinweis aber mag genügen, diesen meinen ersten Axt-Hieb im Urwald der Völker-Sage gegen den naheliegenden Vorwurf der Zufälligkeit oder der Systemlosigkeit zu salvieren und also meinen schlichten Versuch auf das Niveau der verpflichtenden (epitheton ornans!) Wissenschaftlichkeit zu erheben, — wenngleich aller hergebrachten Ueberlieferung und Anschauung zuleide.

Semitisch-Indogermanische Wort-Gruppe.

Historische Form	Hebraeisch „îsh“, der Mensch als Mann					
Hypothetische Urform	vénesh					
Historische Spaltung	venôsh				vîsh	
Hypothetische Spaltung	menôsh	venôsh	penôsh	enôsh	vísh	îsh
Indogermanische Ableitungen	1. manúshya 2. Manus 3. μοῦνος 4. Menas 5. Mars 6. mas	7. vrisha 8. ἄρσην 9. Ἄρης 10. aries	11. púrusha	12. unus 13. ἀνήρ	14. vîra 15. vir	16. εἷς

Entwickelung des Begriffes „Mensch als Mann".

I.	Mensch, schlechthin,	1. skr. manush-ya.
II.	Ur-Mensch	2. Manus, german. Mythol; 4. Menas, Aegypten.
III.	Mann, schlechthin,	13. ἀνήρ.
IV.	Mann als Individuum	3. μοῦνος; 12. unus; 16. εἷς (cf. man, ein).
V.	Heldenmann	14. skr. vîra; 15. vir.
VI.	Kriegsmann	5. Mars; 9. Ἄρης.
VII.	Mann von Geschlecht	6. mas; 11. skr. purusha.
VIII.	Männlich von Geschlecht	7. skr. vrisha, taurus; 8. ἄρσην; 10. aries.

Zeitfracht Medien GmbH
Ferdinand-Jühlke-Straße 7
99095 Erfurt, Deutschland
produktsicherheit@kolibri360.de